Thomas Möbiu

Wie interpretiere ich Lyrik?

Aufgaben und Musterinterpretationen

Band 1: Mittelalter bis Romantik
26 Gedichte bzw. Gedichtvergleiche
und ihre Interpretationsaufsätze

Ein epochenbezogenes Übungsbuch
für Schüler der Mittel- und Oberstufe

Bange Verlag

Über den Autor:

Thomas Möbius, geboren 1963 in Heidelberg, Studium der Germanistik und ev. Theologie, Promotion zum Dr. phil. in der germanistischen Mediävistik, Stipendiat der Konrad-Adenauer-Stiftung, Lehraufträge an der Universität Heidelberg, 1991–2001 Lehrer an einem Gymnasium in Mannheim, seit 2002 Akademischer Rat an der Pädagogischen Hochschule Heidelberg, mehrjährige Auslandsaufenthalte in Mailand, Rom und Singapur, Autor von Lernhilfen und Königs Erläuterungen des Bange Verlags.

4. Auflage 2010
ISBN: 978-3-8044-1548-5

Umschlagfoto: Fotostudio Maurer
Gestaltung: Georg Lehmacher, Friedberg (Bay.)
Druck und Weiterverarbeitung: Finidr s. r. o., Český Těšín

Thomas Möbius

Wie interpretiere ich Lyrik?

Aufgaben und Musterinterpretationen

Band 1: Mittelalter bis Romantik
26 Gedichte bzw. Gedichtvergleiche und ihre Interpretationsaufsätze

Ein epochenbezogenes Übungsbuch für Schüler der Mittel- und Oberstufe

Bange Verlag

Inhaltsverzeichnis Band 1

* Gedichte, die für die Mittelstufe besonders geeignet sind

Hinweise zur Benutzung des Buches

Der vorliegende dritte Band der Lyrik-Lernhilfenreihe des Bange-Verlags ist nach der theoretischen Annäherung an Lyrik im Basiswissen-Band (Matzkowski) und der Anleitung zur Gedichtinterpretation von Herrn Brand ein an der Praxis der Gedichtinterpretation orientiertes Übungsbuch.

Dieser dritte Band besteht aufgrund der Fülle der zu behandelnden Gedichte wiederum aus zwei Teilbänden: Im ersten Teilband finden sich die Epochen vom Mittelalter bis zur Romantik, im zweiten Teilband werden die Epochen vom Realismus bis zur Moderne behandelt.

Die Gedichte aus allen in der Schule behandelten literarischen Epochen stellen ein Kompendium möglicher Aufgabenstellungen für Klassenarbeiten dar. Schülerinnen und Schüler haben die Möglichkeit, sich intensiv auf das Unterrichtsthema „Gedichtinterpretation" vorzubereiten oder für bevorstehende Klausuren zu üben.

Die wesentlichen Gedichtformen sind vertreten: Ballade, Minnelied, Erlebnislyrik, Gedankenlyrik, Lied, Liebeslyrik, moderne Lyrik und Sonett. Die jeweiligen Aufgabenstellungen sind typisch für die Klausur über Lyrik: Zumeist wird als Erstes eine inhaltliche bzw. gedankliche Analyse verlangt, dann sollen die poetischen Mittel herausgearbeitet werden und schließlich wird das Gedicht in einer zusammenfassenden Gesamtinterpretation gewürdigt.

Der Lösungsvorschlag enthält die verlangten Antworten in Grundzügen. Der Hauptteil ist größtenteils stichwortartig verfasst, während Einleitung und Schluss knapp ausformuliert werden. Dahinter steht die Erfahrung, dass Schülerinnen und Schüler es häufig als schwierig empfinden, den richtigen Ton für den Interpretationsaufsatz „anzustimmen". Außerdem enthält die Einleitung meist noch zusätzliche Informationen, die Schülerinnen und Schülern nicht bekannt sein dürften. Der stichwortartige Hauptteil eignet sich dagegen für einen Vergleich mit den eigenen Ergebnissen der Analyse und der Interpretation besser als ein ausformulierter Text. Darüber hinaus haben die Schülerinnen und Schüler hierbei noch eigenständige Formulierungsarbeit zu leisten, wenn sie einen eigenen Interpretationsaufsatz verfassen wollen.

Für die Arbeit mit diesem Übungsbuch empfehlen sich zwei Vorgehensweisen: Ein Weg, der sich am ehesten für die Mittelstufe anbietet, stellt eine induktive Umgangsweise mit dem Buch in den Vordergrund, indem

Schülerinnen und Schüler den literarischen Text und sofort anschließend den Lösungsvorschlag lesen. Der Lösungsvorschlag wird konkret am Text nachvollzogen – etwa durch Anstreichungen und Randnotizen, was im Lesebuch der Schule im Normalfall nicht möglich ist. Dann versucht man, vom durchgearbeiteten Text ausgehend, eine Interpretation zu schreiben. Schülerinnen und Schüler der Mittelstufe können auch an den nicht mit * gekennzeichneten Texten üben, wenn sie sich auf die Erarbeitung einer Inhaltsangabe, die Erarbeitung der Aussage sowie einzelner sprachlicher Mittel beschränken.

Der andere Weg, der sich für die Oberstufe eignet, sieht so aus, dass man sich das Gedicht und die Arbeitsaufgabenstellung durchliest und dann entscheidet, ob man eher die Gesamtaufgabe oder eine Teilaufgabe, z. B. das Erkennen sprachlicher Mittel, üben möchte. Die stichwortartige Bearbeitung der Aufgabe kann auf einem separaten Blatt erfolgen. Beim späteren Vergleich mit dem Lösungsvorschlag sollte man sich die Fehlerquellen genau notieren.
Nach der Kontrolle der eigenen Ergebnisse ist es sinnvoll, die vorhandenen Stichworte in der Form eines Aufsatzes zu formulieren; der Deutschlehrer oder die Deutschlehrerin ist sicherlich bereit, sich den Aufsatz durchzulesen.

Über den Charakter eines Übungsbuches für Schülerinnen und Schüler hinaus stellt der Band ein überblicksartiges Kompendium für Unterrichtende dar. Zwar kann die Übernahme vorgefertigter Interpretationsbausteine die eigene Beschäftigung mit dem Text nicht ersetzen, aber Auswahl und Anlage lassen verschiedene Verwendungsmöglichkeiten für Lehrerinnen und Lehrer zu:

- Kurzübersicht über die interpretationsrelevanten Gesichtspunkte eines im Unterricht zu behandelnden Textes;
- Ergänzung der in den jeweiligen Lesebüchern angebotenen Texte;
- Klassenarbeits- oder Klausurtexte mit Lösungsangeboten;
- Präsentation von stichwortartigen Lösungsvorschlägen als Anhaltspunkte für die Erstellung einer zusammenhängenden Interpretation.

Das Buch enthält auch Übungen zum Gedichtvergleich, der von Schülerinnen und Schülern oft als besonders schwierig angesehen wird. Die Anforderungen des Gedichtvergleichs lassen sich folgendermaßen beschreiben: Neben der häufigsten Form des thematischen Vergleichs, der auch die beiden Beispiele im Band angehören, bieten sich als weitere Möglichkeiten an:

- Vergleich zweier thematisch verschiedener Gedichte einer Epoche mit der Aufgabe, epochentypische Merkmale herauszustellen;

- Vergleich zweier Gedichte eines Autors (möglicherweise aus unterschiedlichen Schaffensphasen) mit der Aufgabe, die Behandlung der (möglicherweise) unterschiedlichen Motive darzustellen und zu interpretieren;
- Vergleich von Gedichten vor verschiedenen historischen oder religiösphilosophischen Hintergründen.

Bei der Gestaltungsweise des Interpretationsaufsatzes zum Gedichtvergleich lassen sich grundsätzlich zwei Arten unterscheiden:

- Verfahren der vergleichenden Einzelinterpretation, d. h., beide Gedichte werden zunächst einzeln für sich interpretiert, während der eigentliche Vergleich in der Zusammenschau am Ende erfolgt. Dieses Verfahren lässt sich für den Schreibenden und den Leser leicht nachvollziehen, allerdings besteht die Gefahr, dass man zwei profunde Einzelinterpretationen verfasst, das vergleichende Moment dagegen vernachlässigt.
- Verfahren der Interpretation nach Einzelaspekten, d. h., die Gemeinsamkeiten und Unterschiede in jeweils einem thematischen oder sprachlichen Vergleichspunkt werden herausgearbeitet. Dieses Verfahren hat den Vorteil, dass der Vergleich deutlich und nachvollziehbar wird. Allerdings besteht der Nachteil, dass die Gesamtinterpretation unter Umständen zerstückelt wirkt.

In jedem Kapitel führen grundlegende Informationen in die jeweilige Epoche ein. Eine Liste motivgleicher Gedichte, die sich für den Gedichtvergleich eignen, ein umfangreiches Glossar zu den Grundbegriffen der Poetik und ein ausführliches Stichwortverzeichnis machen das vorliegende Buch zu einem nützlichen und kompetenten Nachschlagewerk für alle Fragen in Sachen Lyrik.

Stichwortverzeichnis

1. Mittelalter (750–1500)

Inhaltliche Merkmale
zunächst lateinisch-deutsche Glossare, dann geistliche Literatur;
Kreuzdichtung, literarische Verarbeitung der Ideale der ritterlichen Gesellschaft (*êre, mâze, zuht*);
Idealisierung der höfischen Dame in Minneliedern

Hauptvertreter und Werke
Malbergische Glossen (750);
Abrogans (764/72);
Hartmann v. Aue (1168–1220): *Erec, Iwein*;
Wolfram von Eschenbach (1170–1220): *Parzival*;
Walther von der Vogelweide (1170–1230): Lyrik

Formale Merkmale
Ritterliche Literatur wie z. B. Minnelyrik und Heldenepos;
Politische Spruchdichtung;
Passionsspiele

1.1 Unbekannter Dichter
Dû bist mîn

Arbeitsaufgabe:
Interpretieren Sie das folgende Gedicht.

Unbekannter Dichter
***Dû bist mîn* (zw. 1150 und 1200)**

Dû bist mîn, ich bin dîn:
des solt dû gewis sîn.

Dû bist beslozzen
in mînem herzen:

Verlorn ist daz slüzzelîn:
dû muost immer drinne sîn.

Lösungsvorschlag: Gliederung des Aufsatzes

A. Einleitung: Informationen zum Gedicht

B. Hauptteil: Interpretation

I. Inhalt, Aussage, Form
   1. Inhalt
   2. Aussage
   3. Form

II. Liebesthematik

C. Schluss: Literarhistorische Einordnung

Stichwortartige Ausarbeitung des Aufsatzes

A. Einleitung

Gedicht als Abschluss eines lateinischen Liebesbriefes aus dem 12. Jh. überliefert, steht am Anfang von Karl Lachmanns berühmter Ausgabe *Des Minnesangs Frühling*. Verfasser unbekannt, Thema deutlich: Es geht um Liebe.

B. Hauptteil: Interpretation

I. Inhalt, Aussage, Form

1. Inhalt

Lyrisches Ich versichert der angesprochenen Person, dass beide zueinander gehören, dass die angesprochene Person gar im Herzen des lyrischen Ichs eingeschlossen sei. Sie muss für immer in diesem Herzen bleiben, da der Schlüssel verloren gegangen ist.

2. Aussage

Liebe nicht als kurz andauernder Affekt, sondern als ewig dauernde Gewissheit.

3. Form

Einfaches Gedicht, drei aneinandergereihte Verspaare, unreiner Reim (z. B. V. 2 f.), schmuckloser Ausdruck, knapper, parataktischer Stil. Symbol des Herzens als Sitz des Gefühls. Optische Anordnung: Verse, in denen mitgeteilt wird, dass die angesprochene Person im

Herzen eingeschlossen ist, werden „eingeschlossen" von V. 1 f. und V. 3 f., symmetrisches Bauprinzip. Aufbau spiegelt Aussage wider.

II. Liebesthematik
Liebe als ewiges Zueinandergehören, das sich nicht mehr lösen lässt; das Sich-Binden und Sich-Schenken als Akt der Hingabe, der auch der Versicherung bedarf (vgl. V. 2); kein Sexus, primär Eros.

C. Schluss
Als Liebesgedicht von der Minnethematik mit ihrem Dienstgedanken noch weit entfernt, auch formal entspricht es nicht dem Aufbau eines Minneliedes; inhaltlich aber: das Ideal der lebenslangen Liebe. Idealisierung auch als Merkmal der Minnelieder: Überhöhung der Frau.

1.2 Walther von der Vogelweide *Ich saz ûf eime steine*

Info

Walther von der Vogelweide wird um 1170 vermutlich in Österreich geboren. 1198 verlässt er Wien und geht an den Hof Philipps von Schwaben. In den folgenden Jahren dient er an verschiedenen Höfen, z. B. bei Hermann von Thüringen, Dietrich von Meißen, Otto IV., Freidrich II., von dem er ein Lehen erhält. 1228 wird als sein Todesjahr angesehen. Walther von der Vogelweide ist einer der bedeutendsten Dichter des Mittelalters. Sein Werk umfasst Minnelieder und politische Lyrik.

Arbeitsaufgabe:

Fassen Sie den Inhalt des folgenden Gedichts zusammen und erarbeiten Sie seine Aussage.

Walther von der Vogelweide (1168–1228)
***Ich saz ûf eime steine* (ca. 1198)**

Ich saz ûf eime steine,
und dahte bein mit beine:
dar ûf satzt ich den ellenbogen:
ich hete in mîne hant gesmogen
daz kinne und ein mîn wange.
dô dâhte ich mir vil ange,
wie man zer welte solte leben:
deheinen rât kond ich gegeben,
wie man driu dinc erwurbe,
der keines niht verdurbe.
diu zwei sint êre und varnde guot,
daz dicke ein ander schaden tuot:
daz dritte ist gotes hulde,
der zweier übergulde.
die wolte ich gerne in einen schrîn.
jâ leider desn mac niht gesîn,
daz guot und weltlich êre
und gotes hulde mêre

zesamene in ein herze komen.
stîg unde wege sint in benomen:
untriuwe ist in der sâze,
gewalt vert ûf der strâze:
fride unde reht sint sêre wunt.
diu driu enhabent geleites niht, diu zwei enwerden ê gesunt.

Lösungsvorschlag:
Gliederung des Aufsatzes

A. Einleitung: Vorstellung des Dichters, Thema des Gedichtes

B. Hauptteil: Interpretation
- I. Inhalt
- II. Aussage

C. Schluss: Historischer Kontext

Stichwortartige Ausarbeitung des Aufsatzes

A. Einleitung

Walther (1170–1230) behandelt in seinen Minneliedern die Ideale der ritterlichen Gesellschaft wie *êre*, *mâze* und *zuht*. Daneben hat er sich in seiner Spruchdichtung auch der historischen Wirklichkeit zugewandt: Waren politische Schriften bis dahin nur in lateinischer Sprache verfasst worden, so ist Walther der erste politische Dichter, der in der deutschen Sprache schreibt. In seinem Gedicht *Ich saz ûf eime steine* reflektiert er die politische Situation im Deutschen Reich zwischen 1197 und 1200.

B. Hauptteil: Interpretation

I. Inhalt

V. 1–5: Körperhaltung – der Sprecher sitzt mit übereinandergeschlagenen Beinen auf einem Stein, er stützt den Ellenbogen auf ein Bein und schmiegt Kinn und Wange in seine Hand.

V. 6–10: Der Sprecher denkt in dieser Körperhaltung darüber nach, wie man leben sollte. Er zeigt sich ratlos in Anbetracht der Frage, wie man drei Dinge besitzen kann, ohne dass diese einander Schaden zufügen.

V. 11–14: Ansehen und Besitz schaden einander, Gottes Gnade ist das höchste Gut.

V. 15–19: Obwohl er alle drei zusammenbringen möchte, ist es nicht möglich, dass sie in einem Herzen vereint werden.

V. 20–24: Alle Wege ins Herz sind ihnen versperrt, weil Falschheit, Gewalt, Fried- und Rechtlosigkeit regieren. Bevor nicht Friede und Recht wieder hergestellt sind, werden Besitz, Ansehen und Gottes Gnade nicht vereint.

II. Aussage

Klage darüber, dass an gesellschaftliches Ansehen, Besitz und Gottes Gnade nicht zu denken ist, weil das Recht durch die Friedlosigkeit im Deutschen Reich außer Kraft gesetzt ist. Das Gedicht spiegelt die innenpolitische Situation nach 1197 wider: Nach dem Tod Heinrichs VI. ist der staufische Erbe noch nicht regierungsfähig; die Welfen beanspruchen den Thron. Es kommt zu Auseinandersetzungen um die Macht im Reich.

C. Schluss

In den weiteren Reichssprüchen wird deutlich, dass Walther das fehlende Oberhaupt der deutschen Nation als den Grund für die fehlende Ordnung ansieht. In der konkreten Situation ruft Walther zur Wahl des Staufers Philipp auf. Nach der Ermordung Philipps im Jahre 1208 wendet sich Walther dem Welfen Otto IV. zu, nach dessen Vertreibung dem neuen Stauferkaiser Friedrich II., der von 1212–1250 regiert. Sein Opportunismus gründet sich letztlich in der Vorstellung vom *imperium*, in dem er das Römische Reich im Deutschen Reich fortgesetzt sieht. Dieses Heilige Römische Reich Deutscher Nation benötigt nach Walthers Meinung einen starken Herrscher, der die Durchsetzung von Recht und Gesetz und damit die Wiederherstellung der im Gedicht beschriebenen Werte garantiert.

1.3 Albrecht von Johansdorf
Ich vant âne huote

info

Albrecht von Johansdorf ist einer der bedeutendsten Minnesänger und gehört zwischen 1180 und 1209 zum Hof des Bischofs von Passau.

Arbeitsaufgabe:

Entwickeln Sie eine ausführliche Inhaltsangabe des Gedichtes. Arbeiten Sie dabei das Verhältnis des lyrischen Ichs und der angesprochenen *frouwe* heraus.

Albrecht von Johansdorf (zw. 1172 und 1209 urkundlich bezeugt)
***Ich vant âne huote* (ca. 1200)**

Ich vant âne huote
die vil minneclîchen eine stân.
sâ dô sprach diu guote,

„waz welt ir sô eine her gegân?“
„frouwe, ez ist alsô geschehen.“
„saget, war umbe sît ir her? des sult ir mir verjehen.“
„Minen senden kumber
klage ich iu, vil liebe frouwe mîn“
„wê, waz saget ir tumber?
ir mugt iuwer klage wol lâzen sîn.“
„frouwe, ichn mac ir niht enbern!“
„sô wil ich in tûsent jâren niemer iuch gewern.“
„Ich bin ouch vil staete,
ob ir ruochet mir der wârheit jehen.“
„volget mîner raete,
lât die bete diu niemer mac geschehen.“
„sol ich alsô sîn gewert?“
„got der wer iuch anderswâ des ir an mich dâ gert.“
„Sol mich dan mîn singen
und mîn dienest gegen iu niht vervân?“
„iu sol wol gelingen:
âne lôn sô sult ir niht bestân.“
„wie meinet ir daz, frouwe guot?“
„daz ir deste werder sît und dâ bî hôchgemuot.“

Lösungsvorschlag:
Gliederung des Aufsatzes

A. Einleitung: Vorstellung des Dichters, Thema des Gedichtes

B. Hauptteil: Interpretation
- I. Inhalt
- II. Einordnung als Minnelied
  1. Form
  2. Verhältnis lyrisches Ich – *frouwe*

C. Schluss: Vergleich mit spätem Minnelied

Stichwortartige Ausarbeitung des Aufsatzes

A. Einleitung

Albrecht von Johansdorf als einer der bedeutendsten Minnesänger, der zwischen 1172 und 1209, also in der Blütezeit des Minnesangs, lebt;

Thema des vorliegenden Dialoggedichtes ist die Minne und insbesondere der Lohn für diesen Dienst.

B. Hauptteil: Interpretation

I. Inhalt

Lyrisches Ich trifft seine Minnedame, die liebenswerteste Frau der Welt, ohne bewachende Begleitung an. Sie fragt, warum der Sprecher so verbittert aussehe; er solle ihr sagen, warum er zu ihr gekommen ist. Daraufhin klagt er ihr seine tiefe Traurigkeit. Die Dame fordert ihn auf, diese Klage zu unterlassen. Dazu sei er nicht fähig, meint der Sprecher, was auf die entschiedene Ablehnung durch die *frouwe* stößt. Er sei beständig, versichert ihr der Minnesänger, wenn sie ihm nur die Wahrheit sagen wolle. Die Frau meint, er solle ihrem Rat folgen und die Wünsche nicht Wirklichkeit werden lassen. Das lyrische Ich fragt, ob sein Minnedienst nicht belohnt werde. Die Dame hält dagegen, dass er durch den Dienst Sittlichkeit und Hochgestimmtheit erfahre.

II. Einordnung als Minnelied

1. Form

Nicht die klassische Form des Minneliedes mit Achtzeilern, die in Auf- und Abgesang eingeteilt werden und jeweils vierhebige Kreuzreime aufweisen; hier vierstrophige Schweifreime mit Kreuzreim und Paarreim; wechselnde Hebungszahl. Von der traditionellen Aufteilung in Lob der Herrin, Hinweis auf den geleisteten Dienst, Wunsch nach Anerkennung, Klage, Nachdenken über Gründe für die Nichterhörung, meist neuer Lobpreis sind noch übrig: Lob der Herrin, Klage über ausbleibende Erhörung, Lohn/Lobpreis.

2. Verhältnis lyrisches Ich – *frouwe*

Minne als Beziehung zwischen Dame und Minnesänger; das Verhältnis bleibt unerfüllt, sexuelle Andeutungen bzw. auf eine mögliche Eheschließung hinweisende Gedanken finden sich nicht; Lohn besteht in der Freude am Dienst (V. 20); zentrale Begriffe der hochhöfischen Minnelieder: Dienst (V. 20), *hôchgemuot* (V. 24), *lôn* (V. 22), *staete* (V. 13); *hôchgemuot* (V. 24) meint dabei eine den ganzen Menschen bestimmende optimistische Welteinstellung, die als Entschädigung, als *lôn* (V. 22), aufzufassen ist, *staete* (V. 13) weist auf die Beständigkeit und die Treue hin. Von der Dame wird nicht erwartet, dass sie den Minnesänger erhört; ihre Funktion besteht darin, ein entrücktes Objekt für das dichterische Schaffen darzustellen, eine wirkliche Beziehung, die auf Gegenseitigkeit und Gleichheit aufgebaut ist, wird gar nicht angestrebt.

C. Schluss

Der Vergleich mit einem späten Minnelied, z. B. Neidharts *Uf dem Berge und in dem tal*, macht die besondere Minnekonzeption der hochhöfischen Zeit deutlich: Szene spielt im einsetzenden Frühling, die Natur beginnt zu blühen und auch die Menschen „erwachen" zu neuem Leben. Einer alten Frau erwächst so viel Energie, dass sie sich – so wird es angedeutet – im Konkurrenzkampf um einen Mann gegen die jüngeren Frauen durchsetzen kann. Keine Idealisierung der *frouwe* mehr wie noch bei Albrecht. Der körperliche, der sexuelle Gesichtspunkt steht im Vordergrund. Der *hohe muot*, den der Minnedienst in der klassischen Literatur mit sich bringt, wird nicht einmal mehr erwähnt.

Neidhart von Reuental (1180–1250)
***Uf dem berge und in dem tal* (Anfang 13. Jh.)**

Ûf dem berge und in dem tal
hebt sich aber der vogele schal,
hiure als ê
gruonet klê.
rûme ez, winter, dû tuost wê!

Die boume, die dâ stuonden grîs,
die habent alle ir niuwez rîs
vogele vol:
daz tuot wol.
dâ von nimt der meie den zol.

Ein altiu mit dem tôde vaht
beide tac und ouch die naht.
diu spranc sider
als ein wider
und stiez die jungen alle nider.

Info

Neidhart von Reuental wird um 1180 geboren. Sein Zuname riuwental (Trauertal) ist aus seiner Lyrik abgeleitet. Er lebt am Hofe Ottos II. von Bayern und nimmt vermutlich an der Kreuzfahrt Friedrichs von Österreich (1217–1219) teil. Neidhart ist schließlich in Lengenbach ansässig und stirbt um 1250. Neidhart gehört der Spätphase des Minnesangs an, seine Lieder brechen das Minneideal auf ironische Weise. Seine Werke sind reich überliefert, besonders im Mittelalter wird er viel gelesen, es werden Neidhart-Spiele veranstaltet.

2. Renaissance und Reformation (1470–1600)

Inhaltliche Merkmale
Niedergang des Rittertums und Aufkommen des bürgerlichen Standes;
mittelhochdeutsche Sprache verschwunden, aus der sächsischen Kanzleisprache entwickelt sich das Neuhochdeutsche (Luthers Bibelübersetzung);
Ideal höchster individueller Persönlichkeitsentfaltung nach antikem Vorbild;
humanistische Ideale

Hauptvertreter und Werke
Hans Sachs (1494–1576): Meisterlieder, Fastnachtsspiele;
Volksbücher: *Till Eulenspiegel, Faust*;
Martin Luther (1483–1546): Bibelübersetzung;
Sebastian Brant (1458–1521): *Narrenschiff*

Formale Merkmale
Fastnachtsspiel;
Schwank;
Fabel;
Bibelübersetzung, Reformationsschriften;
Volksbuch

2.1 Martin Luther
Der XLVI. Psalm. Deus noster refugium et virtus

Arbeitsaufgabe:
Fassen Sie den Inhalt des Gedichtes zusammen und formulieren Sie einen Interpretationsansatz.

Martin Luther (1483–1546)
***Der XLVI. Psalm. Deus noster refugium et virtus*[1] (1529)**

Ein feste burg ist unser Gott,
Ein gute wehr und waffen.
Er hilfft uns frey aus aller not,
die uns jtzt hat betroffen.
Der alt böse feind
mit ernst ers jtzt meint,

[1] Gott ist unsere Zuversicht und Stärke.

Info

Martin Luther wird 1483 in Eisleben geboren. 1505 tritt er in das dortige Augustinerkloster ein. Nach dem Studium der Theologie wird er 1512 Universitätsprofessor in Leipzig. Die Veröffentlichung seiner 95 Thesen im Jahre 1517 begründet seinen Konflikt mit der römischen Amtskirche. In zahlreichen Flugschriften (*Die babylonische Gefangenschaft der Kirche, Von der Freiheit eines Christenmenschen*) stellt er seine Vorstellungen einer reformierten Kirche dar. Seine Schriften sind zugleich eine wichtige Station auf dem Weg zu einer deutschen Einheitssprache (Bibelübersetzung aus dem Hebräischen bzw. Griechischen ins Deutsche). Luther stirbt 1546 in Eisleben.

gros macht und viel list
sein grausam rüstung ist,
auff erd ist nicht seins gleichen.
Mit unser macht ist nichts getan,
wir sind gar bald verloren,
Es streit für uns der rechte man,
den Gott hat selbs erkoren.
Fragstu wer der ist?
Er heist Jhesu Christ,
der Herr Zebaoth,
Und ist kein ander Gott,
das felt mus er behalten.

Und wenn die welt voll Teuffel wer
und wolt uns gar verschlingen,
So fürchten wir uns nicht so sehr,
Es sol uns doch gelingen.
Der Fürst dieser welt,
wie saur er sich stelt,
thut er uns doch nicht,
das macht er ist gericht,
Ein wörtlein kan jn fellen.

Das wort sie sollen lassen stan
und kein danck dazu haben,
Er ist bey uns wol auff dem plan
mit seinem geist und gaben.
Nemen sie den leib,
gut, ehr, kind und weib,
las faren dahin,
sie habens kein gewin,
das reich mus uns doch bleiben.

Lösungsvorschlag:
Gliederung des Aufsatzes

A. Einleitung: Vorstellung des Dichters, Thema des Gedichtes

B. Hauptteil: Interpretation
- I. Inhalt und Aussage
  1. Inhalt
  2. Aussage

II. Interpretationsansatz

C. Schluss: Literarhistorische Einordnung

Stichwortartige Ausarbeitung des Aufsatzes

A. Einleitung

Martin Luther als Theologe, vor allem Reformator, der sich gegen den Ablasshandel der katholischen Kirche wendet, woraus die reformierte Kirche erwächst. Erlösung kann man sich seiner Vorstellung nach nicht mit Geld erkaufen, sondern nur durch den Glauben und die Gnade Gottes erlangen. Jesus Christus und der Glaube an ihn stehen im Mittelpunkt. In dem Kirchenlied über den 46. Psalm wird die religiöse Überzeugung ausgedrückt, dass mit dem Glauben an Gott alle Gefahren der diesseitigen und jenseitigen Welt überwindbar sind.

B. Hauptteil: Interpretation

I. Inhalt und Aussage

1. Inhalt

Strophe 1: Gott schützt den Menschen vor Anfeindungen, er hilft ihm aus Notlagen heraus. Der Widersacher Gottes, der Teufel, hat den Kampf mit allem Ernst begonnen, er bedient sich der List und hat eine große Macht auf der Erde.

Strophe 2: Nur mit Menschenmacht könne man nichts gegen den Teufel ausrichten. Gott selbst hat mit Jesus Christus den ausgewählt, der für die Menschen in den Kampf zieht.

Strophe 3: Selbst wenn die Welt nur von Teufeln bevölkert wäre, so bliebe der Gläubige doch zuversichtlich. Diese Zuversicht gründet sich auf Gott, der den Teufel, den Fürsten der Welt, besiegt. Der Teufel kann durch ein einziges Wort besiegt werden.

Strophe 4: Der Gläubige hat sein Leben auf Gott hin ausgerichtet. Selbst wenn Leben, Ansehen, Familie weggenommen würden, also alles, was den Menschen in dieser Welt wertvoll ist, so gäbe er es doch gerne auf, weil er in der Zuversicht auf die Teilnahme am Reich Gottes lebt.

2. Aussage

Dem Menschen, der sein Leben auf Gott gründet, kann der Verlust der Werte, die in der Welt gelten, nichts anhaben. Er ist sicher in Gott und Jesus Christus geborgen.

II. Interpretationsansatz

Von dieser Sicherheit in der Glaubensüberzeugung sprechen auch andere Bibelstellen. Im Neuen Testament z. B. Römer 8,31: *Ist Gott für uns, wer kann wider uns sein? Der auch seinen eigenen Sohn nicht verschont hat, sondern hat ihn für uns alle dahingegeben – wie sollte er uns nicht alles schenken?* Gottesreichvorstellung: Dort, wo Gebote eingehalten werden, vor allem das Doppelgebot der Liebe (*Du sollst Gott lieben und deinen Nächsten wie dich selbst*), da ist das Gottesreich schon auf Erden greifbar.

C. Schluss

Tiefe Glaubensüberzeugung kommt zum Ausdruck, nicht mit theologischen Gedanken überfrachtet, bei Martin Luther reformatorisches Gedankengut. Die Glaubensgewissheit erinnert an die Barockzeit, in der der Dualismus Welt/Gottesreich auch deutlich wird. Bei Luther liegt die Betonung nicht so sehr auf der Vergänglichkeit oder der Nichtigkeit als vielmehr auf der Bedeutung, die Gott für den einzelnen Menschen hat.

2.2 Johann Hess
O Welt, ich muss dich lassen

Arbeitsaufgabe:

Fassen Sie den Inhalt des folgenden Gedichtes zusammen und beschreiben Sie die Situation, in der sich das lyrische Ich befindet.

info

Johann Hess wird 1490 in Nürnberg geboren. Nach dem Studium der Theologie prägt er als Pfarrer in Breslau den schlesischen Protestantismus. Er stirbt dort 1547.

Johann Hess (1490–1547)
***O Welt, ich muss dich lassen* (pub. ca. 1555)**

O Welt, ich muss dich lassen,
Ich fahr dahin mein Straßen
Ins ewig Vaterland,
Mein Geist will ich aufgeben,
Darzu mein Leib und Leben
Setzen gnädig in Gottes Hand.

Mein Zeit ist nun vollendet,
Der Tod das Leben schändet,
Sterben ist mein Gewinn:
Kein Bleiben ist auf Erden,
Das Ewig muss mir werden,
Mit Fried und Freud ich fahr dahin.

Ob mich gleich hat betrogen
Die Welt, von Gott abzogen
Durch Schand und Büberei,
Will ich doch nicht verzagen,
Sonder mit Glauben sagen,
Dass mir mein Sünd vergeben sei.

Auf Gott steht mein Vertrauen,
Sein Angsicht will ich schauen
Wahrlich durch Jesum Christ,
Der für mich ist gestorben,
Des Vaters Huld erworben,
Mein Mittler er auch worden ist.

Die Sünd mag mir nit schaden,
Erlöst bin ich aus Gnaden,
Umbsonst, durch Christi Blut.
Kein Werk kumpt mir zu frummen,
So ich will zu ihm kommen
Allein der christlich Glauben gut.

Ich bin ein unnütz Knechte,
Mein Tun ist viel zu schlechte,
Denn dass ich ihm bezahl
Darmit das ewig Leben,
Umbsonst will er mirs geben
Und nit nach meim Verdienst und Wahl.

Drauf will ich fröhlich sterben,
Das Himmelreich erwerben,
Wie er mirs hat bereit.
Hier mag ich nit mehr bleiben,
Der Tod tut mich vertreiben,
Mein Seel sich von meim Leibe scheidt.

Damit fahr ich von hinnen.
O Welt, tu dich besinnen,
Wann du musst auch hernach.
Tu dich zu Gott bekehren
Und von ihm Gnad begehren,
Im Glauben sei du auch nit schwach.

Die Zeit ist schon verhanden,
Hör auf von Sünd und Schanden
Und richt dich auf die Bahn
Mit Beten und mit Wachen,
Sonst all irdische Sachen
Sollt du gütiglich fahren lan.

Das schenk ich dir am Ende,
Ade, zu Gott dich wende!
Zu ihm steht auch mein Bgehr.
Hüt dich vor Pein und Schmerzen,
Nimb mein Abschied zu Herzen,
Meins Bleibens ist jetzt hie nit mehr.

Lösungsvorschlag:
Gliederung des Aufsatzes

A. Einleitung: Titel, Dichter, Thema

B. Hauptteil: Interpretation
- I. Inhalt
- II. Situation des lyrischen Ichs

C. Schluss: Literarhistorische Einordnung

Stichwortartige Ausarbeitung des Aufsatzes

A. Einleitung

Johann Hess hat sein Gedicht *O Welt, ich muss dich lassen* in der Epoche der Renaissance und der Reformation geschrieben. Das lyrische Ich seines Gedichtes macht sich in zehn Strophen Gedanken über den Tod und das ewige Leben.

B. Hauptteil: Interpretation

I. Inhalt

Das Gedicht beginnt mit dem Abschied des lyrischen Ichs von der Welt. Es steht kurz vor dem Ableben und legt Leib und Leben in die Hand Gottes. In der zweiten Strophe wird der Abschiedsgedanke nochmals aufgegriffen; der Abschied geschieht angesichts des erwarteten ewigen Lebens in Freude und in Frieden. In der dritten Strophe wird auf den schlechten Einfluss verwiesen, den die Welt hat. Sie habe versucht, das lyrische Ich vom Glauben an Gott abzubringen. Der Versuch kann das lyrische Ich nicht von der Gewissheit entfernen, dass ihm die Sündenvergebung zuteil wird. Durch Jesus Christus erlangt es diese Vergebung, wie in der vierten Strophe erkennbar wird. Die fünfte Strophe hebt hervor, dass die Erlösung allein aus dem Glauben und nicht aus den guten Werken kommt. Die sechste Strophe begründet diese Vorstellung damit, dass das menschliche Tun viel zu schlecht sei, als dass damit ein so hohes Gut wie das ewige Leben „erkauft" werden könne. Die Gnade Gottes erfährt das lyrische Ich ohne jede Vorleistung. Mit dieser Gewissheit stirbt es fröhlich, wie es in der siebten Strophe deutlich macht. Die achte Strophe beinhaltet eine Aufforderung an die Menschen, sich zu Gott zu bekehren. Sich von sündhaftem Handeln entfernen, Beten und der Verzicht auf irdische Güter sind Verhaltensweisen, die das lyrische Ich in der vorletzten Strophe empfiehlt. In der letzten Strophe bezeichnet es seine Worte als Vermächtnis und verabschiedet sich.

II. Situation des lyrischen Ichs

Todessituation, nicht verzweifelt, sondern in der Gottesgewissheit aufgehoben, daher kann es sich sogar freuen; religiöser Trost, Opfertat Christi überwiegt jedes Werk, allein durch den christlichen Glauben kommt es zu ihm; auch Appell an die Nachwelt, von gottlosem Treiben abzulassen und sich zu bekehren; Grund für Lebensende nicht gesagt, angesichts der Glaubensüberzeugung auch unwichtig.

C. Schluss

Nichtigkeit der irdischen Güter verbindet mit Barock, aber vor allem ist der Glaube an das Umsonst der göttlichen Gnade reformatorischer Art, *sola fide et gratia* lautet die Erkenntnis Johann Hess', nicht durch Werke, mögen sie auch noch so gut sein, kann der Mensch ein so hohes Gut wie das ewige Leben erlangen, sondern nur durch den Glauben und die Gnade Gottes; Gedicht als reformatorisches Glaubensbekenntnis.

3. Barock (1600–1720)

Inhaltliche Merkmale Kriegserfahrung prägt antithetische Grundstimmung zwischen *carpe diem* (Genuss- und Lebensgier) und der Orientierung an ewigen Werten; Vergänglichkeit alles Irdischen (vanitas-Gedanke); Entstehung einer einheitlichen deutschen Schriftsprache; Übertreibung und Schwulst; Satire (z. B. Grimmelshausen) als Mittel zur Auseinandersetzung mit der Realität
Hauptvertreter und Werke Andreas Gryphius (1616–1664): Sonette; Martin Opitz (1597–1639): *Buch von der Teutschen Poeterey*; Hofmann von Hofmannswaldau (1617–1679): Lyrik; Hans Jakob Christoffel von Grimmelshausen (1621–1676): *Der abenteuerliche Simplicissimus*
Formale Merkmale Sonett; Schelmenroman; Antithetik als Strukturprinzip; Erlebnislyrik; Kirchenlied

3.1 Martin Opitz
Francisci Petrarchae

Arbeitsaufgabe:

Interpretieren Sie das folgende Gedicht, indem Sie insbesondere auf die poetischen Gestaltungsmittel eingehen.

Martin Opitz (1597–1639)
***Francisci Petrarchae*[1] (um 1620)**

Ist Liebe lauter nichts / wie dass sie mich entzündet?
Ist sie dann gleichwol was / wem ist jhr Thun bewust?
Ist sie auch gut vnd recht / wie bringt sie böse Lust?
Ist sie nicht gut / wie daß man Frewd' aus jhr empfindet?

1 Francisci Petrarchae bedeutet etwa: dem Francisco Petrarca gewidmet. Petrarca (1304–1374) ist einer der berühmtesten italienischen Lyriker des Mittelalters. Er verfasste zumeist Liebesgedichte.

Info

Martin Opitz wird 1597 in Bunzlau/Bober geboren. Nach seinem Studium in Heidelberg wirkt er ab 1622 als Lehrer in Weißenburg/Siebenbürgen. 1625 wird er vom Kaiser in Wien mit dem Dichterlorbeer ausgezeichnet, 1627 erhält er den Adelstitel von Boberfeld. Ab 1632 ist er in verschiedenen diplomatischen Missionen unterwegs. Opitz stirbt 1639 in Danzig an der Pest. Er gilt als Erneuerer der deutschen Versdichtung, indem er die maßgeb lichen Formen wie Ode, Sonett, Alexandriner einführt. Er verfasst mit dem *Buch von der Teutschen Poeterey* (1624), die erste Poetik der deutschen Sprache.

Lieb' ich ohn allen Zwang / wie kan ich Schmertzen tragen?
Muss ich es thun / was hilfft's dass ich solch Trawren führ'?
Heb' ich es vngern an / wer dann befihlt es mir?
Thue ich es aber gern' / vmb was hab' ich zu klagen?
Ich wancke wie das Graß so von den kühlen Winden
Vmb Versperzeit bald hin geneiget wird / bald her:
Ich walle wie ein Schiff das durch das wilde Meer
Von Wellen vmbgejagt nicht kan zu Rande finden.
Ich weis nicht was ich wil / ich wil nicht was ich weis:
Im Sommer ist mir kalt / im Winter ist mir heiß.

Lösungsvorschlag:
Gliederung des Aufsatzes

A. Einleitung: Dichter, Titel, literarische Gattung, Thema

B. Hauptteil: Interpretation
- I. Inhalt und Aussage
  1. Inhalt
  2. Aussage
- II. Formale und sprachliche Gestaltung
- III. Literarische Epoche

C. Schluss: Aktualität des Gedichts

Stichwortartige Ausarbeitung des Aufsatzes

A. Einleitung

In dem um 1620 entstandenen Sonett *Francisci Petrarchae* lässt Martin Opitz das lyrische Ich den Versuch unternehmen, das Phänomen Liebe durch seine verschiedenen Erscheinungsformen zu definieren.

B. Hauptteil: Interpretation

I. Inhalt und Aussage

1. Inhalt

Das Gedicht weist eine klare inhaltliche Struktur auf, wobei in den Quartetten die Existenz der Liebe, die ethische Bewertung und die Freiwilligkeit des Menschen im Vordergrund stehen, während in den Terzetten das Ergebnis der Überlegungen zusammengefasst wird: Im ersten Quartett geht Opitz der Frage nach, ob Liebe überhaupt existiert. Sie wirkt zwar im Menschen, ihre Tätigkeit wird dem Menschen aber nicht bewusst. Auch in ethischer Hinsicht ist Liebe ambivalent zu bewerten: Auf der einen Seite führt sie zu bösem Verlangen, auf der anderen Seite auch zu Freude. Im zweiten Quartett geht es um die Frage, ob der Mensch freiwillig und gern oder unfreiwillig und ungern liebt. Eine konkrete Antwort muss das lyrische Ich auch hier wieder schuldig bleiben. Aus diesem Grund gibt es seinen Definitionsversuch in den Terzetten schließlich auf und beschreibt die Widersprüchlichkeit und Unentschiedenheit, die es am eigenen Leibe erfährt.

2. **Aussage**
   Martin Opitz möchte mit diesem Sonett deutlich machen, dass sich Liebe einer klaren (kausal-)logischen Definiton verschließt. Sie lässt sich nur, so wie es das lyrische Ich am Ende erlebt, in ihrer Widersprüchlichkeit empfinden.

II. Formale und sprachliche Gestaltung

Es lassen sich die folgenden sprachlichen und formalen Gestaltungsmittel feststellen:

- **Gedichtform**: Sonett mit 2 Quartetten, 2 Terzetten; Quartette als Fragen formuliert mit dem Versuch, Liebe theologisch-philosophisch zu bestimmen (Existenz, Ethik, Freiwilligkeit); 2 Terzette mit psychologischer Kategorie und Fazit: Verzicht auf Definition, Beschreibung der Wirkung;
- **Metrum**: sechshebige Jamben mit Zäsur nach 3. Hebung (= Alexandriner), z. B.: *Ist Liebe láuter nichts / wie dáss sie mích entzúndet?* (V. 1); Teilung des Verses nach 3. Hebung in These und Antithese (Ausnahme V. 8–11);
- **Parallelismus**: V. 1–8, gleiche syntaktische Konstruktion (Prädikat, Subjekt, Fragesatz) steigert Eindringlichkeit des Anliegens;
- **Reimform**: umarmender Reim (Quartette und V. 9–12), Paarreim (V. 13 f.), Zusammengehörendes wird mit Reim verbunden: Vorüberlegungen als umarmender Reim, Fazit als Paarreim;
- **Tautologie**: *gut vnd recht* (V. 3), besondere Betonung der Eigenschaften;
- **Attribut**: *gut vnd recht, böse* (V. 3), ethische Bewertung der Eigenschaften;
- **Anapher**: *Ist sie dann gleichwol was / wem ist jhr Thun bewust?/ Ist sie auch gut vnd recht / wie bringt sie böse Lust?/ Ist sie nicht gut / wie dass man Frewd' aus jhr empfindet?* (V. 2–4), Steige-

rung der Wirkung des Fragesatzes, deutet auf Wichtigkeit der Frage hin;
- **Antithetik**: vgl. V. 1–8, Versuch, über antithetische Struktur zu einer Definition zu kommen;
- **Vergleich**: *Ich wancke wie das Graß* (...) (V. 9), *Ich walle wie ein Schiff* (...) (V. 11), lyrisches Ich fühlt sich Widersprüchen der Liebe ausgeliefert, Unmöglichkeit, eigene Definition des Phänomens zu finden;
- **Enjambement** in V. 9 f. und 11 f. verdeutlicht Dynamik der Metapher;
- **Inversion**: *Vmb Versperzeit bald hin geneiget wird / bald her* (V. 10), Hervorhebung der Unentschiedenheit;
- **Assonanz**: *Ich weis nicht was ich wil / ich wil nicht was ich weis* (V. 13), s. Chiasmus;
- **Chiasmus**: *Ich weis nicht was ich wil / ich wil nicht was ich weis* (V. 13), eingängige, auffällige Wendung, die die mangelnde Entschlusskraft des lyrischen Ichs unterstreicht;
- **Wortspiel**: *Ich weis nicht was ich wil / ich wil nicht was ich weis* (V. 13), s. Chiasmus;
- **Metapher**: *Im Sommer ist mir kalt / im Winter ist mir heiß* (V. 14), Liebe entzieht sich kausaler Annäherung; auch: Beschreibung des emotionalen Zustandes des lyrischen Ichs.

III. Literarische Epoche

Entstanden in der Zeit des Barock; vorherrschendes Thema von Barock-Gedichten: Leben angesichts Zerstörung der Welt; widerspruchsvolle Lösung: Lebensgenuss bzw. Orientierung am Unvergänglichen. Widersprüchlichkeit, Antithetik, ist auch Strukturelement im Sonett von Opitz. Sonett als beliebte Gedichtform des Barock: Beschreibung eines Sachverhaltes (Quartette) und Lösung des Sachverhaltes (Terzette).

C. Schluss

Thema *Liebe* oftmals lyrisch gestaltet; misslungene Gestaltung häufig in Schlagern mit trivialen und klischeehaften Formulierungen und Aussagen; Opitz schreibt keine *Herz-Schmerz-Dichtung*, sondern unternimmt den ernstgemeinten Versuch einer Definition des Phänomens; Eingeständnis des Scheiterns eines Definitionsversuchs wirkt ehrlich, Beschreibung des Gefühlszustandes des lyrischen Ichs am Ende wird dem Phänomen Liebe am ehesten gerecht.

3.2 Christian Hofmann von Hofmannswaldau
Vergänglichkeit der Schönheit

Arbeitsaufgabe:
Stellen Sie den inhaltlichen Aufbau des Gedichtes dar. Interpretieren Sie das Gedicht unter besonderer Berücksichtigung der verwendeten poetischen Mittel.

Christian Hofmann von Hofmannswaldau (1617–1679)
***Vergänglichkeit der Schönheit* (1695)**

Es wird der bleiche tod mit seiner kalten hand
Dir endlich mit der zeit um deine brüste streichen /
Der liebliche corall der lippen wird verbleichen;
Der schultern warmer schnee wird werden kalter sand /
Der augen süßer blitz / die kräffte deiner hand /
Für welchen solches fällt / die werden zeitlich weichen /
Das haar / das itzund kan des goldes glantz erreichen /
Tilgt endlich tag und jahr als ein gemeines band.
Der wohlgesetzte fuß / die lieblichen gebärden /
Die werden theils zu staub / theils nichts und nichtig werden /
Denn opfert keiner mehr der gottheit deiner pracht.
Diß und noch mehr als diß muß endlich untergehen /
Dein hertze kan allein zu aller zeit bestehen /
Dieweil es die natur aus diamant gemacht.

info

Christian Hofmann von Hofmannswaldau wird 1617 in Breslau als Sohn eines kaiserlichen Kammerrates geboren. Die Stadt bleibt von den Wirren des Dreißigjährigen Krieges weitgehend verschont, sodass er eine friedvolle Jugend erlebt. Nach dem Studium der Rechtswissenschaft in Leiden und ausgedehnten Reisen wird er 1657 kaiserlicher Rat und später Ratspräsident in Breslau. Im Jahre 1679 stirbt er dort.

Lösungsvorschlag:
Gliederung des Aufsatzes

A. Einleitung: Epocheneinordnung, Thema des Gedichtes

B. Hauptteil: Interpretation
- I. Inhalt, Aufbau, Aussage
  1. Inhalt und Aufbau
  2. Aussage
- II. Sprachliche und formale Mittel

C. Schluss: Eine weitere Interpretationsmöglichkeit

Stichwortartige Ausarbeitung des Aufsatzes

A. Einleitung

Gedichte und Bilder aus der Zeit des Barock verdeutlichen den engen Zusammenhang von Leben und Tod. Totentanz-Darstellungen zeigen, wie der Tod allem Lebendigen anhaftet. Auch die Schönheit ist ihm unterworfen, dies macht Christian Hofmann von Hofmannswaldau zum Thema seines Sonetts *Vergänglichkeit der Schönheit*.

B. Hauptteil: Interpretation

I. Inhalt, Aufbau, Aussage

1. Inhalt und Aufbau

1. Quartett: Im Laufe der Zeit wird der Tod sich der angesprochenen Person bemächtigen mit dem Ergebnis, dass ihre Lippen ihre lebendige Farbe verlieren und dass der Teint der Schultern, das Strahlen der Augen und das glänzende Haar zunichte gemacht werden (2. Quartett).

1. Terzett: Fuß und Gebärden werden vergehen. Die Schönheit der Angesprochenen ist dann zunichte gemacht.

2. Terzett: Noch viel mehr wird vergehen, nur das Herz ist ewig, weil es aus einem Diamant besteht.

Typischer Sonett-Aufbau: Quartette und 1. Terzett enthalten die Beschreibung, im 2. Terzett erfolgt eine unerwartete Wendung, die Pointe.

2. Aussage

Der Tod macht alles zunichte, was äußerliche Auszeichnung bedeutet. Nur das unsichtbare Innere des Menschen, das Herz als Sitz des Gefühls bzw. der Seele, bleibt. Das Sonett enthält somit die Aufforderung, sich stärker an inneren als an äußeren Werten zu orientieren.

II. Sprachliche und formale Mittel

Im Dienst der Veranschaulichung stehen die folgenden poetischen Mittel:

- Sonett, Alexandriner, umarmender Reim (Quartette), Schweifreim (Terzette);
- Personifikation: *der bleiche Tod mit seiner kalten Hand* (V. 1);
- Metapher: *corall der lippen* (V. 3), *diamant* (V. 14);
- Oxymoron: *schultern warmer schnee* (V. 4);
- Vergleich: V. 7 und V. 8;
- Anapher/Parallelismus: V. 4 f.;

- Synekdoche/pars pro toto: *umb deine brüste* (V. 2) stellvertretend für den ganzen Körper.

C. Schluss

Der Schluss *Dein hertze kan allein zu aller zeit bestehen / Dieweil es die natur aus diamant gemacht* (V. 13 f.) lässt sich auch anders interpretieren. Fasst man das Sonett als Liebesgedicht auf, so könnte der Grund für seine Abfassung darin liegen, dass das lyrische Ich von der Angebeteten noch immer nicht erhört worden ist. Ihre Schönheit wird zwar vergehen, wird also einer Veränderung unterworfen sein, ihr hartes Herz, das das lyrische Ich noch immer nicht erhört hat, wird sich auch in Zukunft nicht erweichen lassen. Somit wäre das Gedicht als eine Klage über die Hartherzigkeit der angesprochenen Frau zu interpretieren.

3.3 Andreas Gryphius
Thränen in schwerer Krankheit. Anno 1640

Arbeitsaufgabe:

Stellen Sie den inhaltlichen Aufbau des Gedichtes dar. Interpretieren Sie das Gedicht unter besonderer Berücksichtigung der verwendeten poetischen Mittel.

Andreas Gryphius (1616–1664)
Thränen in schwerer Krankheit. Anno 1640

Mir ist ich weiß nicht wie / ich seufftze für und für.
Ich weine Tag und Nacht / ich sitz in tausend Schmertzen;
Und tausend fürcht ich noch / die Krafft in meinem Hertzen
Verschwindt / der Geist verschmacht / die Hände sincken mir.

Die Wangen werden bleich / der muntern Augen Zier
Vergeht / gleich als der Schein der schon verbrannten Kertzen.
Die Seele wird bestürmt gleich wie die See im Mertzen.
Was ist diß Leben doch / was sind wir / ich und ihr?

Was bilden wir uns ein! was wünschen wir zu haben?
Jtzt sind wir hoch und groß / und morgen schon vergraben:
Jtzt Blumen / morgen Koth / wir sind ein Wind / ein Schaum /

Ein Nebel und ein Bach / ein Reiff / ein Thau' / ein Schatten.
Jtzt was und morgen nichts / und was sind unser Thaten?
Als ein mit herber Angst durchaus vermischter Traum.

Info

Andreas Gryphius (eigentlich Andreas Greif) wird 1616 in Groß-Glogau an der Oder geboren. Als Kind verliert er die Eltern und besucht von 1633 an das Gymnasium Academicum in Danzig. Erste schriftstellerische Versuche fallen in diese Zeit. Von 1638–44 macht er als Hauslehrer mit den Söhnen des Grafen Georg Schönborner eine ausgedehnte Bildungsreise, die ihn unter anderem nach Holland, Frankreich und Italien führt. Nach seiner Rückkehr ist er weiter als Hauslehrer und Dichter, aber auch als Syndikus der protestantischen Landstände in schwierigen diplomatischen Aufgaben tätig. 1664 stirbt er in Glogau. Mit seinen Gedichten, in denen er das barocke Lebensgefühl treffend beschreibt, zählt er zu den wichtigsten Dichtern dieser Zeit.

Lösungsvorschlag:
Gliederung des Aufsatzes

A. Einleitung: Dichtung des Barock, Thema des Gedichts

B. Hauptteil: Interpretation
   I. Inhaltlicher Aufbau
   II. Sprachliche und formale Mittel

C. Schluss: Bezug zum Leben des Dichters

Stichwortartige Ausarbeitung des Aufsatzes

A. Einleitung

Martin Opitz bestimmt mit seiner Poetologie die Dichtung des Barock. Von ihm stammt das Verdikt, das Sonett und Alexandriner als vorbildhaft für die Dichtung festlegt. Im Sonett sieht er die vornehmste Form der Dichtung, der Alexandriner unterstreicht die rhetorischen Elemente des Sonetts mit einer pathetischen Gebärde. Dem folgen auch die meisten Dichter des Barock. Auch das vorliegende Gedicht *Thränen in schwerer Krankheit. Anno 1640* von Andreas Gryphius ist ein Sonett. Es thematisiert die Klage eines kranken lyrischen Ichs angesichts der Vergänglichkeit des menschlichen Lebens.

B. Hauptteil: Interpretation

I. Inhaltlicher Aufbau

1. Quartett: allgemeine Schilderung des Leidens des lyrischen Ichs: Das lyrische Ich weint Tag und Nacht, weil es starke Schmerzen aushalten muss. Lebenskraft und Bewusstsein sieht es langsam verkümmern.

2. Quartett: äußere Erscheinung und seelischer Zustand: Die Wangen des Kranken sind bleich, die Augen glanzlos. Die Seele ist voller Unruhe. Was ein solches Leben überhaupt noch wert sei, fragt das lyrische Ich am Ende des 2. Quartetts.

1. und 2. Terzett: Verallgemeinerung des subjektiven Eindrucks: Klage über Einbildung und falsche Wünsche der Menschen. Alles, was jetzt schön ist, kann am nächsten Tag schon wieder vergangen sein. Die Taten des Menschen, die sein Leben ausmachen, sind nur ein mit Angst vermischter Traum.

II. Sprachliche und formale Mittel

Sonett, sechshebiger Jambus mit Zäsur, in Quartetten umarmender Reim mit männlicher (V. 1, V. 4, V. 5, V. 8) und weiblicher Kadenz (V. 2 f., V. 6 f.), in Terzetten Schweifreim mit männlicher (V. 11, V. 14) und weiblicher Kadenz (V. 9 f., V. 12 f.), pathetische Sprache, gravitätische Betonung durch Versmaß; Adjektive und Substantive, die die Depression beschreiben: z. B. seufzen (vgl. V. 1), weinen (vgl. V. 2), fürchten (vgl. V. 3), verschwinden (vgl. V. 4), verschmachten (vgl. V. 4), *sincken* (V. 4), *Schmertzen* (V. 2), *Koth* (V. 11), *Schaum* (V. 11), *Nebel* (V. 12), *Schatten* (V. 12).

Die folgenden poetischen Mittel drücken die Vergänglichkeit anschaulich aus:

- Vergleich: *als der Schein der schon verbrannten Kertzen* (V. 6);
- Vergleiche als Identifikationen und Metaphern, die menschliche Vergänglichkeit darstellen (vgl. V. 11);
- Enjambement (V. 5 f.) mit der Betonung des Vergehens durch den Verswechsel;
- Ellipse in V. 11 und V. 12, Asyndeton in V. 11 f. und rhetorische Frage in V. 8 sollen den Leser nachdenklich machen;
- Amplifikation (evtl. Hyperbel) in V. 1 f. als Ausdruck der Verzweiflung.

C. Schluss

Keine Erlebnisdichtung, sondern Rhetorik; Gryphius ist 24 Jahre alt, als er das Gedicht schreibt – mitten im Dreißigjährigen Krieg, der noch acht Jahre dauern wird. Der Dichter ist schwer erkrankt, was man an der Grundstimmung des Gedichtes deutlich merkt. Hier sei es also gestattet, Rückschlüsse zwischen Dichterleben und Gedicht zu ziehen. Gott nicht als Trost, aber mitgedacht; kommt z. B. im Gedicht *Auf das grausame Ungewitter / so den 24. Aug. 1654 entstanden* zum Ausdruck.

3.4 Andreas Gryphius *An sich selbst*
Robert Gernhardt *Siebenmal mein Körper*

Kurzbiografie von Andreas Gryphius s. S. 35

Arbeitsaufgabe:
Interpretieren und vergleichen Sie die beiden folgenden Gedichte.

Andreas Gryphius (1616–1664)
***An sich selbst* (1657)**

Mir grauet vor mir selbst, mir zittern alle Glieder,
Wenn ich die Lipp und Nas und beider Augen Kluft,
Die blind vom Wachen sind, des Atems schwere Luft
Betracht und die nun schon erstorbnen Augenlider.

Die Zunge, schwarz vom Brand, fällt mit den Worten nieder
Und lallt, ich weiß nicht was; die müde Seele ruft
Dem großen Tröster zu; das Fleisch ruft nach der Gruft;
Die Ärzte lassen mich, die Schmerzen kommen wieder.

Mein Körper ist nicht mehr als Adern, Fell und Bein.
Das Sitzen ist mein Tod, das Liegen meine Pein.
Die Schenkel haben selbst nun Träger wohl vonnöten.

Was ist der hohe Ruhm, und Jugend, Ehr und Kunst?
Wenn diese Stunde kommt, wird alles Rauch und Dunst,
Und eine Not muss uns mit allem Vorsatz töten.

Robert Gernhardt wird 1937 in Reval/Estland geboren und stirbt 2006 in Frankfurt am Main. Er ist Maler, Germanist, Lyriker. Werke z. B.: *Ich Ich Ich* (1982); epochengeschichtliche Einordnung: Moderne.

Robert Gernhardt (geboren 1937)
***Siebenmal mein Körper* (1987)**

Mein Körper ist ein schutzlos Ding,
wie gut, dass er mich hat.
Ich hülle ihn in Tuch und Garn
und mach ihn täglich satt.

Mein Körper hat es gut bei mir,
ich geb' ihm Brot und Wein.
Er kriegt von beidem nie genug,
und nachher muss er spein.

Mein Körper hält sich nicht an mich,
er tut, was er nicht darf.

Ich wärme mich an Bild, Wort, Klang,
ihn machen Körper scharf.

Mein Körper macht nur, was er will,
macht Schmutz, Schweiß, Haar und Horn.
Ich wasche und beschneide ihn
von hinten und von vorn.

Mein Körper ist voll Unvernunft,
ist gierig, faul und geil.
Tagtäglich geht er mehr kaputt,
ich mach ihn wieder heil.

Mein Körper kennt nicht Maß noch Dank,
er tut mir manchmal weh.
Ich bring ihn trotzdem übern Berg
und fahr ihn an die See.

Mein Körper ist so unsozial.
Ich rede, er bleibt stumm.
Ich leb ein Leben lang für ihn.
Er bringt mich langsam um.

Lösungsvorschlag:
Gliederung des Aufsatzes

A. Einleitung: Dichter, Titel, gemeinsames Thema

B. Hauptteil: Interpretation
- I. *An sich selbst*
  1. Inhalt und Aussage
  2. Sprachliche und formale Mittel
  3. Schlüsselbegriffe/zentrale Symbole
- II. *Siebenmal mein Körper*
  1. Inhalt und Aussage
  2. Sprachliche und formale Mittel
  3. Schlüsselbegriffe/zentrale Symbole
- III. Zusammenfassende Betrachtung beider Gedichte

C. Schluss: Aktualitätsbetrachtung

Stichwortartige Ausarbeitung des Aufsatzes

A. Einleitung

Das Sonett *An sich selbst* von Andreas Gryphius und das Gedicht *Siebenmal mein Körper* von Robert Gernhardt widmen sich dem gleichen Thema, der Vergänglichkeit des Körpers. Beide Gedichte hinterlassen nach dem ersten Lesen zunächst ein beklemmendes Gefühl, das bewirkt, dass man als Leser über die eigene Vergänglichkeit nachzudenken beginnt. Diese Wirkung hat zum einen sicher etwas mit dem Inhalt der Gedichte, zum anderen aber auch mit der sprachlichen und formalen Gestaltung zu tun. Beiden Gesichtspunkten wollen wir in der nachfolgenden vergleichenden Interpretation nachgehen.

B. Hauptteil: Interpretation

I. *An sich selbst*

1. Inhalt und Aussage

Das lyrische Ich im Sonett *An sich selbst* beschreibt eine Sterbesituation. Unklar bleibt, ob es sich um eine reale oder fiktive Situation handelt. Im ersten Quartett stellt das lyrische Ich seinen todkranken, zitternden Körper dar, der schon lange keinen erholsamen Schlaf mehr gefunden hat. Im zweiten Quartett kommt zu dem physischen Verfall noch der geistige: Das lyrische Ich beschreibt die geistige Verwirrung, wenn es nicht mehr weiß, was es sagt. Seine Seele sehne sich nach Gott, während sein Körper sterben wolle. Das erste Terzett macht deutlich, dass das lyrische Ich keine schmerzfreie Körperhaltung mehr findet und gleichzeitig ans Bett gefesselt ist. Im zweiten Terzett reflektiert das lyrische Ich über den Wert früherer Ideale angesichts des nun drohenden Todes.

Das Sonett lässt sich als eine eindringliche Mahnung lesen, den Wert des Strebens nach äußerlichen Idealen zu überdenken. Alles das, wofür der Mensch während seines Lebens viel Energie aufwendet, wird mit dem Tod zunichte gemacht. Aber Gryphius lässt den Leser nicht in Resignation zurück: Die Wendung *(...) die müde Seele ruft / Dem großen Tröster zu (...)* (V. 6 f.) eröffnet eine bleibende Perspektive über den Tod hinaus.

2. Sprachliche und formale Mittel

Die sprachliche und formale Gestaltung steht im Dienst dieser dichterischen Intention:

Schon die Wahl des Sonetts als Gedichtform deutet darauf hin, dass der Dichter eine allgemeingültige Lehre formulieren will. Die beiden Quartette beschreiben die Ausgangssituation, im zweiten

Terzett wird das Fazit gezogen und in eine rhetorische Frage: *Was ist der hohe Ruhm, und Jugend, Ehr und Kunst?* (V. 12), mit darauffolgender Antwort, die durch den Paarreim als zusammengehörig herausgehoben wird, gekleidet. Alle diese Ideale sind im Angesicht des Todes nichts mehr wert; diese Nichtigkeit wird treffend mit dem Hendiadyoin *Rauch und Dunst* (V. 13) ausgedrückt. Der Blick wandert von den Lippen über die Nase hin zu den Augenlidern, diese Bewegung des Aufschauens wird formal durch das Enjambement in den Versen 2–4 unterstützt. Besonderer Nachdruck, hervorgehoben durch die Voranstellung des Prädikats, liegt auf den (...) *nun schon erstorbnen Augenlider(n)* (V. 4), die das Erlöschen des Lebens metaphorisch verdeutlichen.

Seele und Fleisch werden menschliche Eigenschaften zugesprochen (vgl. V. 6 f.). Die Seele als Sitz des Unsterblichen sehnt sich nach der Ruhe bei Gott, das Fleisch als Verkörperung des Vergänglichen will die Ruhe im Grab finden. Von beiden wird gesagt, sie „rufen", und dieser Ruf wird durch den syntaktischen Parallelismus und die Wiederholung des Verbes „rufen" eindringlich verstärkt.

Die Ärzte scheinen dem Kranken nicht mehr helfen zu können, ihr Gehen bewirkt die Rückkehr der Schmerzen. Der inhaltliche Gegensatz wird durch Metrik und sprachliche Gestaltung verstärkt: Die Zäsur nach der dritten Hebung fällt mit dem Gehen der Ärzte zusammen, syntaktisch parallel dazu kehren die Schmerzen mit den letzten drei Hebungen des Verses zurück. Einen Eindruck von den Schmerzen, die das lyrische Ich plagen, erhält der Leser auch durch einen weiteren Parallelismus in V. 10: „Das Sitzen ist mein Tod, das Liegen meine Pein."

3. Schlüsselbegriffe / zentrale Symbole

In diesem Sonett ist vom Tod die Rede. Zu diesem Ergebnis kommt man auch, wenn man sich das Wortfeld für Tod und Sterben betrachtet: *erstorbnen* (V. 4), *Gruft* (V. 7), *Tod* (V. 10), *töten* (V. 14). In jedem Quartett oder Terzett fällt also ein Wort, das auf Tod hinweist. Neben dem Schlüsselwort „Tod" ist auch der Hinweis auf den *Tröster* bedeutsam. Er stellt die einzige Hoffnung für den Sterbenden dar. Wichtige Begriffe sind natürlich auch *Ruhm, und Jugend, Ehr und Kunst?* (V. 12), weil sie die hoch geschätzten Ideale sind, deren Nichtigkeit sich jetzt erweist.

II. *Siebenmal mein Körper*

1. Inhalt und Aussage

Die Todesstimmung aus *An sich selbst* kommt dem Leser in *Siebenmal mein Körper* nur aus dem letzten Vers entgegen. Thema ist zunächst auch die Vergänglichkeit, dann aber vor allem das Verhältnis zwischen lyrischem Ich und seinem Körper. In den ersten beiden Strophen bezeichnet das lyrische Ich den eigenen Körper als schutz- und maßlos; er werde mit Kleidung und Essen versorgt, könne aber nie genug bekommen. Während sich das lyrische Ich geistigen Genüssen zuwende, strebe der Körper nach sexuellem Erleben. In der vierten und fünften Strophe ist davon die Rede, dass der Körper vom lyrischen Ich zwar gepflegt, aber dennoch immer wieder krank werde. Die Pflege werde dem lyrischen Ich nicht gedankt; trotzdem kümmere sich das lyrische Ich um den Heilungsfortschritt und fahre mit ihm in Urlaub. Die letzte Strophe treibt den Kontrast auf die Spitze: Obgleich sich das lyrische Ich sein ganzes Leben lang um den Körper sorge, bringe er es *langsam um* (V. 28).

2. **Sprachliche und formale Mittel**

Der inhaltliche Kontrast zwischen dem pflegenden Ich und dem undankbaren, morbiden Körper bestimmt vor allem den Aufbau der einzelnen Strophen. Jede Strophe besteht jeweils aus zwei vollständigen Sätzen mit drei- bzw. vierhebigen Jamben, außerdem fallen Satz und Versende bis auf zwei Ausnahmen immer zusammen. Der dadurch erzielte gleichförmige Rhythmus könnte auf die alltägliche Gewohnheit hindeuten, mit der das lyrische Ich der Körperpflege nachgeht. Die sich wiederholende Tätigkeit findet ihre formale Entsprechung in der monotonen Wiederholung von *Mein Körper* zu Beginn jeder Strophe.

Die Eigenschaften des Körpers werden ohne Umschweife beim Namen genannt: Er ist *gierig, faul und geil* (V. 18); diese Trias aus teilweise umgangssprachlichen Wendungen zeigt die Gewöhnlichkeit des Körpers auf. Das Gedicht verwendet poetische Mittel sehr sparsam: metaphorische Ausdrücke unterstreichen die Anschaulichkeit, wie z. B. die Synekdoche *Tuch und Garn* (V. 3) oder die Trias *Bild, Wort, Klang* (V. 11), die für geistige Genüsse steht. Die plakative Aufzählung von *(…) Schmutz, Schweiß, Haar und Horn* (V. 14) erhält ihre sprachliche Unterstützung durch die Alliteration. Der weitgehende Verzicht auf den Einsatz poetischer Mittel deutet darauf hin, dass sich das Gedicht um eine klare, verständliche und vor allem unmissverständliche Ausdrucksweise bemüht.

Manche Wortwahl lässt auch den Schluss zu, dass der Leser erheitert werden soll (vgl. V. 12). Die ironische Wendung *Ich bring ihn trotzdem übern Berg* (V. 23) ist in ihrer Doppeldeutigkeit als „gesund machen" und „in die Berge fahren" ganz sicher mit dem Ziel der Belustigung formuliert.

Belustigend wirkt zwar auch das Wortspiel in Vers 27 f.: *Ich leb ein Leben lang für ihn. / Er bringt mich langsam um*, der ernste Inhalt lässt den Leser das Lachen aber vergessen. Der inhaltliche Schwerpunkt des Gedichtes liegt auf dieser letzten Strophe. Sie ist die einzige Strophe mit drei vollständigen Sätzen, und die eben zitierten letzten Verse, die den Kontrast zwischen lyrischem Ich und Körper verstärken, haben den Charakter eines Merksatzes, der durch die Alliteration: *Ich leb ein Leben lang für ihn* (V. 27) unterstrichen wird.

3. Schlüsselbegriffe / zentrale Symbole

Der Schlüsselbegriff dieses Gedichtes ist sicherlich „mein Körper", der siebenmal, so wie es der Titel auch ankündigt, ausdrücklich genannt wird. Das spannungsreiche Nebeneinander zwischen dem lyrischen Ich, das sich der intensiven Pflege verschreibt, und seinem Körper, der dies nicht zu würdigen weiß, beherrscht das Gedicht.

III. Zusammenfassende Betrachtung beider Gedichte

Halten wir zusammenfassend die Gemeinsamkeiten und Unterschiede fest, so wird deutlich, dass beide Gedichte sich zwar mit der Vergänglichkeit und der Unvollkommenheit des Körpers beschäftigen, dass beide Dichter aber unterschiedliche Akzente setzen.

In *An sich selbst* liegt die Betonung darauf, dass der Tod alle äußeren Ideale wie Ruhm und Ehre zunichte macht. Nimmt man den Titel mit zur Interpretation dazu, so wird der Appell deutlich, den das lyrische Ich an sich selbst richtet. Hat es den Tod vor Augen, so scheint es besonders im letzten Terzett sein bisheriges Streben nach den äußeren Werten zu bereuen. Steht es noch mitten im Leben, so mahnt es sich selbst, das Ende vor Augen zu haben und Lebensenergie nicht sinnlos zu verschwenden. Andeutungsweise kommt auch ein Gegenentwurf zum Streben nach Ruhm und Ehre zum Ausdruck. Die Seele ruft nach *dem großen Tröster* (V. 7), dies könnte ein Hinweis sein, sich frühzeitig ewigen, unvergänglichen Werten zuzuwenden.

Diese Alternative klingt für das lyrische Ich in *Siebenmal mein Körper* keineswegs an. Im Unterschied zu *An sich selbst* beklagt es die Vergänglichkeit nicht mit einer bilderreichen Sprache, und es rettet sich nicht in die Welt des metaphysischen Trostes, vielmehr nimmt es die Vergänglichkeit als natürliche Gegebenheit hin und macht sogar ein paar erheiternde Bemerkungen darüber. Als Leser hat man das Gefühl, dass es sich mit diesem nicht veränderbaren Zustand auf eine leise klagende, ironisch-resignierende Weise einverstanden erklärt. Der letzte Vers: *Er bringt mich langsam um* (V. 28), beschönigt nichts, sondern enthält das natürliche Gesetz des menschlichen Lebens.

C. Schluss

Zwischen beiden Gedichten liegen mehr als dreihundert Jahre, beide Gedichte gestalten ihr Thema in einer epochentypischen Weise. Auffällig ist, dass der metaphysische Trost, den der Barock-Dichter noch kennt, in dem Gedicht aus dem 20. Jahrhundert fehlt. In einer Zeit, in der immer weniger Menschen eine religiöse Bindung haben, hat das Gedicht von Gernhardt sicherlich die höhere Aktualität. Ob es dem Menschen besser hilft, sein Leben angesichts des irgendwann nahenden Todes zu leben, muss wohl jeder Mensch immer wieder aufs Neue für sich selbst entscheiden.

4. Aufklärung (1720–1785)

Inhaltliche Merkmale

Verstand und Vernunft als Richtschnur in allen Bereichen;
Postulate: religiöse Toleranz, Gleichheit der Menschen, Kritik an absolutistischer Machtausübung;
Überwindung von Grenzen;
Glaube an die Erziehbarkeit und die Belehrbarkeit von Menschen;
Literatur mit erziehender Funktion;
naturwissenschaftliche Erkenntnisse gegen kirchliche Dogmen

Hauptvertreter und Werke

Johann Christoph Gottsched (1700–1766): *Versuch einer kritischen Dichtkunst*;
Christian Fürchtegott Gellert (1715–1769): *Fabeln und Erzählungen*;
Gotthold Ephraim Lessing (1729–1781): *Miss Sara Sampson*, *Nathan der Weise*, Fabeln;
Christoph Martin Wieland (1733–1813): *Geschichte des Agathon*, *Musarion*

Formale Merkmale

Drama mit erziehender Funktion;
Bürgerliches Trauerspiel (Aufhebung der aristotelischen Ständeklausel);
Fabel; Parabel (*Ringparabel*);
Blankvers;
Aphorismus (knappe, inhaltsreiche Gedanken mit überraschender Wendung)

4.1 Christian Fürchtegott Gellert
Der Tanzbär

Arbeitsaufgabe:

Erarbeiten Sie den Inhalt und den gedanklichen Aufbau des Gedichtes. Erörtern Sie die zum Ausdruck kommende Lehre.

Christian Fürchtegott Gellert (1715–1769)
***Der Tanzbär* (1746)**

Ein Bär, der lange Zeit sein Brot ertanzen müssen,
Entrann und wählte sich den ersten Aufenthalt.
Die Bären grüßten ihn mit brüderlichen Küssen
Und brummten freudig durch den Wald,
Und wo ein Bär den andern sah,
So hieß es: „Petz ist wieder da!“

Info

Christian Fürchtegott Gellert wird im Jahre 1715 als Pfarrerssohn in Hainichen im Erzgebirge geboren. Nach dem Besuch der Fürstenschule in Meißen studiert er Theologie, Philosophie und Literatur in Leipzig. Von 1745 an ist er Dozent und später Professor für Poesie und Rhetorik (später auch für Moral) in Leipzig, wo er 1760 stirbt. Gellert gilt als einer der beliebtesten Schriftsteller der Aufklärung. Sein besonderes Interesse gilt den epischen Kleinformen, die er in zwei Bänden *Fabeln und Erzählungen* 1746 und 1748 veröffentlicht.

Der Bär erzählte drauf, was er in fremden Landen
Für Abenteuer ausgestanden,
Was er gesehn, gehört, getan.
Und fing, da er vom Tanzen red'te,
Als ging er noch an seiner Kette,
Auf polnisch schön zu tanzen an.

Die Brüder, die ihn tanzen sahn,
Bewunderten die Wendung seiner Glieder,
Und gleich versuchten es die Brüder;
Allein anstatt, wie er, zu gehen,
So konnten sie kaum aufrecht stehn,
Und mancher fiel die Länge lang darnieder.
Um desto mehr ließ sich der Tänzer sehn;
Doch seine Kunst verdross den ganzen Haufen.
„Fort", schrien alle, „fort mit dir!
Du Narr willst klüger sein als wir?"
Man zwang den Petz, davonzulaufen.

Sei nicht geschickt, man wird dich wenig hassen,
Weil dir dann jeder ähnlich ist;
Doch je geschickter du vor vielen andern bist,
Je mehr nimm dich in acht, dich prahlend sehn zu lassen.
Wahr ist's, man wird auf kurze Zeit
Von deinen Künsten rühmlich sprechen;
Doch traue nicht, bald folgt der Neid
Und macht aus der Geschicklichkeit
Ein unvergebliches Verbrechen.

Lösungsvorschlag: Gliederung des Aufsatzes

A. Einleitung: Fabel in Gedichtform, Thema des Gedichtes

B. Hauptteil: Interpretation
- I. Inhalt und Aufbau
  1. Inhalt
  2. Aufbau
- II. Lehre

C. Schluss: Aktualität des Gedichtes

Stichwortartige Ausarbeitung des Aufsatzes

A. Einleitung

Fabel in Gedichtform, Fabel will belehren und unterhalten. Im Mittelpunkt stehen Tiere, die menschliche Eigenschaften verkörpern (*fabula docet et delectat*). Besonders in der Aufklärung literarische Form – bedeutende Fabeln von Lessing (z. B. *Der Rabe und der Fuchs, Der Wolf und das Schaf, Der Tanzbär*) – auch um möglichen Sanktionen durch kritisierte Macht zu entkommen. Gellert als einer der beliebtesten Schriftsteller der Aufklärung und besonders als Dichter von Fabeln, nimmt sich in seiner Fabel *Der Tanzbär* keinem politischen Thema, sondern einem allgemein menschlichen Thema, dem des Neids, an.

B. Hauptteil: Interpretation

I. Inhalt und Aufbau

1. Inhalt

Einem Tanzbären gelingt nach vielen Jahren die Flucht, er wird von seiner Familie im Wald herzlich aufgenommen. Beim Erzählen über seine Erlebnisse in der Fremde fängt der Bär zu tanzen an. Die Brüder, die ihm zusehen, bewundern sein Kunststück und versuchen es selbst. Es gelingt keinem anderen Bären, es dem Tanzbären gleich zu tun. Daher macht sich Verärgerung über den Tanzbären breit, dem man Überheblichkeit vorwirft. Schließlich wird er von den anderen Bären davongejagt.

In der Lehre wird formuliert, man solle seine Fertigkeiten am allgemeinen Durchschnitt ausrichten. Wenn man über besondere Fertigkeiten verfüge, solle man besonders aufpassen, dass man nicht als überheblich angesehen wird. Doch auch diese Vorsicht nütze nichts, da die Fertigkeiten bald bekannt würden und man unweigerlich dem Neid der Mitmenschen ausgeliefert sein werde.

2. Aufbau

Gedicht ist nach der Grundform der Fabel aufgebaut: Promythion (fehlt), Darstellung der Situation (1. Strophe), Auslösung der Handlung (1. Handlungsteil: Bär zeigt seine Tanzkunststücke, 2. Strophe), Reaktion des Betroffenen (2. Handlungsteil: anderen Bären misslingt der Versuch, 3. Strophe), Ergebnis (sie verjagen den Tanzbären, 3. Strophe), Epimythion (nachgestellte Lehre, 4. Strophe).

II. Lehre

Die Lehre ist letztlich, dass man, wenn man unbehelligt und in Frieden mit den anderen leben möchte, sich dem allgemeinen Durchschnitt anzupassen hat. Man soll keine besonderen Eigenschaften zeigen, da sonst Neid die Reaktion der anderen ist. Natürlich ist das eine sehr pessimistische, wenn auch durchaus realistische Lehre.

C. Schluss

Gedicht sehr aktuell, z. B. Umgang von Schülern mit besonders begabten Mitschülern. Literarische Gestaltung des Themas in Max Frischs *Andorra*: Dort erlebt man, dass selbst der Versuch sich anzupassen scheitert, wenn die Vorurteile zu dominierend sind. Daher lässt sich der Lehre der Fabel auch nicht uneingeschränkt zustimmen. Die sicherlich allgemein-menschliche Eigenschaft ändert man nicht, wenn man das Problem behandelt, wie es in der „Lösung" vorgeschlagen wird. Wichtig wäre es, eine Bewusstseinsänderung herbeizuführen, die die Besonderheit als eine Bereicherung des Lebens betrachtet.

4.2 Gottfried August Bürger
Der Bauer. An seinen durchlauchtigen Tyrannen

Info

Gottfried August Bürger wird 1747 in Molmerswende/Unterharz als Sohn eines Pfarrers geboren. Nach dem Studium der Theologie, der Rechtswissenschaft und der Philosophie wird er Dozent für Ästhetik an der Universität Göttingen. Literarisch steht er dem Göttinger Hain und dem Sturm und Drang nahe. Er stirbt 1794 in Göttingen.

Arbeitsaufgabe:

Interpretieren Sie das folgende Gedicht, indem Sie insbesondere auf die sprachlichen und formalen Gestaltungsmittel eingehen.

Gottfried August Bürger (1747–1794)
Der Bauer. An seinen durchlauchtigen Tyrannen (1775)

Wer bist du, Fürst, dass ohne Scheu
Zerrollen mich dein Wagenrad,
Zerschlagen darf dein Ross?

Wer bist du, Fürst, dass in mein Fleisch
Dein Freund, dein Jagdhund, ungebleut
Darf Klau' und Rachen haun?

Wer bist du, dass durch Saat und Forst
Das Hurra deiner Jagd mich treibt,
Entatmet, wie das Wild? –

Die Saat, so deine Jagd zertritt,
Was Ross und Hund und du verschlingst,
Das Brot, du Fürst, ist mein.

Du Fürst hast nicht, bei Egg' und Pflug,
Hast nicht den Erntetag durchschwitzt.
Mein, mein ist Fleiß und Brot!

Ha! du wärst Obrigkeit von Gott?
Gott spendet Segen aus, du raubst!
Du nicht von Gott, Tyrann!

Lösungsvorschlag: Gliederung des Aufsatzes

A. Einleitung: Historischer Bezug, Thema des Gedichts

B. Hauptteil: Interpretation
- I. Aufbau, Inhalt und Aussage
  1. Aufbau
  2. Inhalt
  3. Aussage
- II. Sprachlicher Ausblick

C. Schluss: Historischer Ausblick

Stichwortartige Ausarbeitung des Aufsatzes

A. Einleitung

Im Jahre 1775, dem Entstehungsjahr des vorliegenden Gedichtes, „verpachteten" einige deutsche Fürsten, unter anderem der Herzog von Braunschweig, über 28000 Männer an die Engländer. Diese schickten sie in den amerikanischen Unabhängigkeitskrieg, wo nahezu die Hälfte umkam. Dies ist ein spektakuläres Beispiel des Selbstverständnisses deutscher Fürsten im 18. Jahrhundert, die glaubten, über ihre Untertanen frei verfügen zu dürfen. Dass sich gegen diese Behandlung im Zuge der Aufklärung literarischer Widerstand regte, zeigt das vorliegende Gedicht *Der Bauer. An seinen durchlauchtigen Tyrannen* von Gottfried August Bürger.

B. Hauptteil: Interpretation

I. Aufbau, Inhalt und Aussage

1. Aufbau

Es lässt sich ein zweiteiliger Aufbau feststellen: Strophe 1–3 (Anklage des Bauern mit Beispielen für Fürstenwillkür), Strophe 4–6 (Betonung der eigenen Leistung und Zweifel an der Rechtmäßigkeit fürstlicher Herrschaft).

2. Inhalt

Anklage des Bauern mit Beispielen für Fürstenwillkür: Fürst überrollt mit seinem Wagen den Bauern oder lässt ihn durch sein Pferd oder seinen Jagdhund schwer verletzen und sogar töten. Der Fürst jagt den Bauern wie ein Wildtier. Die Saat des Ackers, die der Fürst beim Darüberreiten zerstört, und das Brot, das er und seine Tiere verschlingen, sind Eigentum des Bauern. Der Bauer stellt klar, dass er durch seine Arbeit das Brot produziert hat. Schließlich bezweifelt der Bauer, dass der Fürst mit göttlicher Legitimation handelt, da von Gott nur segensreiche Dinge kommen, der Fürst sich aber wie ein Dieb benimmt.

3. Aussage

Die Behandlung der Bauern durch die Fürsten ist unmenschlich. Die Fürsten, die noch nicht einmal selbst für ihren Lebensunterhalt aufkommen, sondern diesen nur durch Raub bestreiten, haben kein Recht, ihre Legitimation von Gott herzuleiten.

II. Sprachliche und formale Mittel

Es lassen sich die folgenden sprachlichen und formalen Mittel feststellen:

- 6 dreizeilige Strophen, reimlos, die ersten beiden Verse jeweils mit vierhebigen Jamben, dritter Vers stets dreihebig;
- die verwendeten sprachlichen Mittel drücken die Wut des lyrischen Ichs aus. Sie äußert sich in der direkten Anrede, die zu Beginn jeder Strophe steht (Wiederholung und Parallelismus);
- die Aufgebrachtheit kommt eindringlich durch die unmittelbar wirkende Interjektion *Ha!* (V. 16) zum Ausdruck. Die Wut verschlägt dem Sprecher die Stimme, er formuliert nicht einmal mehr vollständige Sätze: *Du nicht von Gott, Tyrann!* (V. 18).

C. Schluss

Hinweis auf Französische Revolution, die der Fürstenwillkür zwar ein Ende bereitete, an ihre Stelle aber zunächst eine andere Gewaltherrschaft setzte, die im Namen des Volkes urteilte. Hinweis auf *Virginia Bill of Rights 1776*, die erstmals allgemeine Menschenrechte wie z. B. die Menschwürde oder das Recht auf Unversehrtheit des Lebens festschrieb. Menschenrechte erst im 20. Jahrhundert weltweit – mit einigen Ausnahmen – anerkannt.

4.3 Matthias Claudius
Abendlied

Arbeitsaufgabe:
Erarbeiten Sie den Inhalt des Gedichtes. Untersuchen Sie seine formale und sprachliche Gestaltung.

Matthias Claudius (1740–1815)
Abendlied (vor 1779)

Der Mond ist aufgegangen
Die goldnen Sternlein prangen
Am Himmel hell und klar;
Der Wald steht schwarz und schweiget,
Und aus den Wiesen steiget
Der weiße Nebel wunderbar.

Wie ist die Welt so stille,
Und in der Dämmrung Hülle
So traulich und so hold!
Als eine stille Kammer,
Wo ihr des Tages Jammer
Verschlafen und vergessen sollt.

Seht ihr den Mond dort stehen? –
Er ist nur halb zu sehen,
Und ist doch rund und schön!
So sind wohl manche Sachen,
Die wir getrost belachen,
Weil unsre Augen sie nicht sehn.

Wir stolze Menschenkinder
Sind eitel arme Sünder,
Und wissen gar nicht viel;
Wir spinnen Luftgespinste,
Und suchen viele Künste,
Und kommen weiter von dem Ziel.

Info

Matthias Claudius wird am 15. August 1740 als Sohn eines Pastors in Reinfeld geboren. Nach den nicht abgeschlossenen Studien der Theologie bzw. der Rechts- und Verwaltungswissenschaft arbeitet er zunächst als Sekretär, später als Journalist. In den Jahren 1771 bis 1775 gibt er das Nachrichtenblatt *Wandsbecker Bothe* heraus. 1774 wird Matthias Claudius in der Freimaurer-Loge „Zu den drei Rosen" in Hamburg aufgenommen. Ab 1788 wirkt er als Revisor der „Schleswig Holsteinischen Bank von Altona". Claudius stirbt am 21. Januar 1815 in Hamburg.

Gott, lass uns *dein* Heil schauen,
Auf nichts Vergänglichs trauen,
Nicht Eitelkeit uns freun!
Lass uns einfältig werden,
Und vor dir hier auf Erden
Wie Kinder fromm und fröhlich sein!

Wollst endlich sonder Grämen
Aus dieser Welt uns nehmen
Durch einen sanften Tod!
Und, wenn du uns genommen,
Lass uns in Himmel kommen,
Du unser Herr und unser Gott!

So legt euch denn, ihr Brüder,
In Gottes Namen nieder;
Kalt ist der Abendhauch.
Verschon uns, Gott! mit Strafen,
Und lass uns ruhig schlafen!
Und unsern kranken Nachbar auch!

Lösungsvorschlag: Gliederung des Aufsatzes

A. Einleitung: Gedichtform, Thema des Gedichtes

B. Hauptteil
   I. Inhalt und Aufbau
   II. Formale und sprachliche Gestaltung

C. Schluss: Aktualität des Gedichtes

Stichwortartige Ausarbeitung des Aufsatzes

A. Einleitung

Das *Abendlied* von Matthias Claudius, das zusammen mit der Melodie von Johann Abraham Peter Schulz einen großen **Bekanntheitsgrad** besitzt, reflektiert angesichts des aufgehenden Mondes **Wertvorstellungen**, die das menschliche Leben ausmachen.

B. Hauptteil: Interpretation

I. Inhalt und Aufbau

Die **gedankliche Bewegung** des lyrischen Ichs geht von einer bloßen **Naturbeschreibung** aus; die Perspektive dieser Beschreibung wird durch die **Hereinnahme des menschlichen Lebens** erweitert und von Strophe 5 an durch den Bezug auf Gott in eine religiöse Dimension transponiert. In der letzten Strophe werden die drei Perspektiven, die Naturbeschreibung, die menschliche und die **religiöse Dimension**, verbunden.

Strophe 1 (V. 1–6): Naturbeschreibung

Das lyrische Ich beschreibt den Mond und die Sterne in einer klaren Nacht; Nebel steigt aus den Wiesen auf, der Wald erscheint schwarz.

Strophe 2 (V. 7–12): Naturbeschreibung mit Bezug zum menschlichen Leben

Die Ruhe der Nacht wird hervorgehoben und mit einem Raum verglichen, in dem die Menschen die Mühen des Alltags vergessen können.

Strophe 3 (V. 13–18): Naturbeschreibung mit Bezug zum menschlichen Leben

Das lyrische Ich betont, dass der Mond vollkommen sei, obgleich man nur seine Hälfte sehe. Genauso verhalte es sich mit vielen Dingen, die Menschen aus Unkenntnis über ihr wahres Wesen verspotten.

Strophe 4 (V. 19–24): Kritik am Verhalten des Menschen

Das lyrische Ich wirft dem Menschen vor, sündhaft und unwissend zu sein. Während des Lebens beschäftige man sich mit Illusionen, die sich vom eigentlichen Ziel immer weiter entfernen.

Strophe 5 (V. 25–30): religiöse Perspektive

Das lyrische Ich bittet Gott darum, dem Menschen die Augen für das Unvergängliche zu öffnen und kindliches Vertrauen in ihm wachsen zu lassen.

Strophe 6 (V. 31–36): religiöse Perspektive

Das lyrische Ich bittet Gott um einen sanften Tod und um die Aufnahme in den Himmel.

Strophe 7 (V. 37–42): Naturbeschreibung mit menschlicher und göttlicher Perspektive

Das lyrische Ich fordert die Menschen auf, sich im Vertrauen auf Gott zur Ruhe zu begeben. Es appelliert an Gott, Schaden vom Menschen fernzuhalten und für einen ruhigen Schlaf zu sorgen.

II. Formale und sprachliche Gestaltung

Das Gedicht drückt tief empfundene Religiosität aus. Der Abend als situativer Kontext lässt Gedanken an den Tod aufkommen, die gleichzeitig die Frage nach der religiösen Begründung des menschlichen Lebens stellen. Das zum Ausdruck kommende menschliche Selbstverständnis sieht den Menschen in völliger Abhängigkeit von Gott; die Bitte um kindliches Vertrauen zeigt, wie der Mensch ganz auf Gott hin lebt.

Die zum Einsatz kommenden formalen und sprachlichen Gestaltungsmittel stehen im Dienste des Ausdrucks der frommen Haltung.

- **Liedform**, 7 Strophen zu je 6 Versen, dreihebiger Jambus, die fünfte Strophe jeweils mit vierhebigem **Jambus**, **Paarreim** und umschließender Reim als Binnengliederung der einzelnen Strophen, abwechselnd weibliche und männliche Kadenzen, fließender Rhythmus: Regelmäßigkeit der Gestaltung und Liedform unterstreichen die **ruhige Feierlichkeit** der Aussage.
- **Personifikation (vgl. V. 4)** und **Alliterationen** betonen die Dunkelheit des Waldes (vgl. V. 4; vgl. auch den **Kontrast** *schwarz*, V. 4, und *weiß*, vgl. V. 6) bzw. die therapeutische Wirkung des Schlafes (vgl. V. 12).
- **religiöse Sprache** mit Begriffen wie *Menschenkinder* (V. 19), *Sünder* (V. 20), *Gott* (V. 25 und öfter), *heil* (V. 25), **Imperativ** und **Wiederholung** (*lass*, V. 25, 28, 35, 41), **Vergleich** (*wie Kinder*, V. 30), **Alliteration** (*fromm und fröhlich*, V. 30): Ausgestaltung der religiösen Perspektive
- **Vergleich**: *als eine stille Kammer* (V. 10) zur Herstellung des Bezuges zwischen Natur und Menschenwelt
- **Metapher** (vgl. V. 22) zur Hervorhebung der Instabilität menschlicher Träume
- **Anapher**: *Und lass uns ruhig schlafen! / Und unsern kranken Nachbar auch!* (V. 41 f.) zur Betonung der Mitmenschlichkeit

C. Schluss

Haben Claudius und später vor allem die Dichter der Romantik in der abendlichen Natur noch die Anwesenheit des Göttlichen erspüren können, so führt in der **expressionistischen** Gestaltung des gleichen Motivs das Betrachten zur trostlosen **Erfahrung von Einsamkeit und Vergänglichkeit**. Georg Trakls (1887–1914) Sonett *Verfall* (1909) trägt diese Erfahrung im Titel. In dem Gedicht kann das lyrische Ich die Entgrenzung seines Welteindrucks nur kurz im Traum erleben; angesichts der Vergänglichkeit verfällt es am Ende in Resignation, ohne dass eine tröstende religiöse Perspektive eröffnet wird. Der Traum, die Phantasie, vermag die Wirklichkeit nur kurz zu verlassen, als Vergänglichkeit kehrt sie in das Bewusstsein des Menschen zurück.

5. Empfindsamkeit und Sturm und Drang (1740/67–1780/85)

Inhaltliche Merkmale Schwärmerei, Tyrannenhass (Empfindsamkeit); Freiheitsstreben; Geniegedanke, grenzenloser Individualismus; gegen Erstarrung der Vernunftherrschaft (Rousseau: *Gefühl ist mehr als Denken*); radikale Weiterführung des Humanitätsgedankens; Ambivalenz zwischen grenzenloser Hingabe und Selbstbehauptung
Hauptvertreter und Werke Johann Gottfried Herder (1744–1803): *Journal meiner Reise im Jahre 1769*; Jakob Michael Lenz (1751–1792): *Der Hofmeister oder die Vorteile der Privaterziehung*; Friedrich Maximilian Klinger (1752–1831): *Sturm und Drang*; Johann Wolfgang von Goethe (1749–1832): *Die Leiden des jungen Werthers*, Gedichte; Friedrich Schiller (1759–1805): *Die Räuber*
Formale Merkmale Briefroman; Erlebnislyrik; freier Rhythmus in Gedichten; natürliche Prosasprache; Abkehr von den aristotelischen Einheiten (zahlreiche Schauplätze, lange Handlungsdauer, Aufgabe der Ständeklausel)

5.1 Johann Wolfgang von Goethe *Prometheus*

Arbeitsaufgabe:

Interpretieren Sie das folgende Gedicht. Arbeiten Sie dabei besonders die sprachlichen Mittel heraus und begründen Sie die Zuordnung zur Epoche des Sturm und Drang.

info

Johann Wolfgang von Goethe wird 1749 in Frankfurt am Main als Kind wohlhabender Eltern geboren. Schon früh beginnt er, kleinere Erzählungen und Gedichte zu verfassen. Von 1765 bis 1771 studiert er Rechtswissenschaften in Leipzig. Während seiner Tätigkeit als Gerichtsreferendar in Wetzlar ab 1772 schreibt er den Briefroman *Die Leiden des jungen Werthers,* der ihn berühmt macht. Von 1775 an ist er als Geheimer Rat und Berater des Erbprinzen von Sachsen-Weimar in Weimar tätig. Während seiner Reise nach Italien (1786–1788) entwickelt er das klassische Kunstideal und das idealistische Menschenbild; er realisiert beides z. B. in seinem Drama *Iphigenie auf Tauris.* 1794 beginnt die intensive Freundschaft mit Friedrich Schiller, die erst durch Schillers Tod 1805 beendet wird. Goethe stirbt 1832 in Weimar. Er gilt neben Schiller als der herausragende Dichter des Sturm

Johann Wolfgang von Goethe (1749–1832)
Prometheus (1774)

Bedecke deinen Himmel, Zeus,
Mit Wolkendunst!
Und übe, Knaben gleich,
Der Diesteln köpft,
An Eichen dich und Bergeshöhn!
Musst mir meine Erde
Doch lassen stehn,
Und meine Hütte,
Die du nicht gebaut,
Und meinen Herd,
Um dessen Glut
Du mich beneidest.

Ich kenne nichts Ärmer's
Unter der Sonn', als euch Götter.
Ihr nähret kümmerlich
Von Opfersteuern
Und Gebetshauch
Eure Majestät
Und darbtet, wären
Nicht Kinder und Bettler
Hoffnungsvolle Toren.

Da ich ein Kind war,
Nicht wusste, wo aus, wo ein,
Kehrt ich mein verirrtes Aug'
Zur Sonne, als wenn drüber wär'
Ein Ohr, zu hören meine Klage,
Ein Herz wie meins,
Sich des Bedrängten zu erbarmen.

Wer half mir wider
Der Titanen Übermut?
Wer rettete vom Tode mich,
Von Sklaverei?
Hast du's nicht alles selbst vollendet,
Heilig glühend Herz?
Und glühtest, jung und gut,
Betrogen, Rettungsdank
Dem Schlafenden da droben?

Ich dich ehren? Wofür?
Hast du die Schmerzen gelindert
Je des Beladenen?
Hast du die Tränen gestillet
Je des Geängsteten?

Hat nicht mich zum Manne geschmiedet
Die allmächtige Zeit
Und das ewige Schicksal,
Meine Herren und deine?

Wähntest du etwa,
Ich sollte das Leben hassen,
In Wüsten fliehen,
Weil nicht alle Knabenmorgen-
Blütenträume reiften?

Hier sitz' ich, forme Menschen
Nach meinem Bilde,
Ein Geschlecht, das mir gleich sei,
Zu leiden, weinen,
Genießen und zu freuen sich,
Und dein nicht zu achten,
Wie ich.

und Drang und der Klassik. Sein umfangreiches Werk umfasst neben naturwissenschaftlichen Studien Gedichte, Dramen (*Faust I* und *Faust II*, *Egmont*, *Wallenstein*) und epische Werke (*Wilhelm Meisters Lehrjahre*).

Lösungsvorschlag: Gliederung des Aufsatzes

A. Einleitung: Hymne, Thema des Gedichts, Figur des Prometheus

B. Hauptteil: Interpretation
- I. Inhalt und Aussage
  1. Inhalt
  2. Aussage
- II. Sprachliche und formale Mittel

C. Schluss: Vergleich mit Goethes Briefroman *Werther* und *Ganymed* als Vergleichsgedicht

Stichwortartige Ausarbeitung des Aufsatzes

A. Einleitung

Hymne ursprünglich als meist religiöser Lob- und Preisgesang, im Mittelalter besonders in Klöstern gern benutzt; Hymne der Neuzeit losgelöst aus dem gottesdienstlichen Bereich, sie dient dem Lob Gottes, von Fürsten, von Tugenden; Klopstock gibt der Hymne neue formale Elemente wie den sogenannten freien Rhythmus, Abschnittseinteilung und kühne Metaphern. Goethe übernimmt Klopstocks formale Anregungen und gestaltet sie in seinem 1774 entstandenen Gedicht *Prometheus*, das das Selbstbewusstsein des Menschen gegenüber Gott thematisiert. Prometheus ist in der griechischen Sage einer der Titanen und gilt als Schöpfer der Menschen. Da er dem Willen der Götter nicht gehorcht und den Menschen das Feuer bringt, wird er an einen Felsen im Kaukasus geschmiedet, wo ihm ein Adler täglich ein Stück der Leber entreißt. Erst Herakles befreit ihn später aus seiner Gefangenschaft.

B. Hauptteil: Interpretation

I. Inhalt und Aussage

1. Inhalt

Prometheus weist Zeus darauf hin, dass er die Erde und alles, was darauf ist, erschaffen habe und er meint, dass Zeus ihn darum beneidet. Die Götter seien arme Wesen, weil sie sich nur von Opfern ernähren, die von Kindern und Bettlern stammen. Prometheus gibt zu, dass auch er sich als unverständiges Kind an die Götter gewendet und auf ihr Mitgefühl gehofft habe. Von ihnen habe er aber keine Hilfe erfahren, meint Prometheus; sein eigenes mutiges Herz habe ihm aus der Bedrängnis geholfen. Fälschlicherweise habe er den schlafenden Göttern dafür gedankt. Zeus habe niemals Schmerzen gelindert oder Trauernden geholfen. Genauso wie Prometheus sei er der Zeit und dem Schicksal unterworfen. Prometheus erschaffe Menschen, die der Freude, des Leidens, des Genießens fähig seien und die Zeus genau wie er selbst nicht anerkennen.

2. Aussage

Absage an einen Herrschergott und seine stolze Selbstbehauptung, Ausleben des unerschöpflichen Schöpfer- und Lebensdrangs, wie er in der Natur und im Künstler (Geniegedanke des Sturm und Drang) wirkt. Prometheus erfährt höchste Kraftfülle in trotziger Vereinzelung, Stichwort: „Verselbstigung".

II. Sprachliche und formale Mittel

Die trotzige Selbstbehauptung zeigt sich im Verzicht auf klassische metrische Formen und im leidenschaftlichen Gestus des Gedichts. Der freie Rhythmus, bei dem feste metrische Formen, Reime, gleiche Vers- oder Strophenlänge aufgegeben werden und der rhythmisch stark gegliedert ist, ist die angemessene Ausdrucksform des sich emanzipierenden Individuums; er entspricht der emotionalen Grundstimmung des Gedichts, verdeutlicht die aufgewühlten Gefühle. Die Ablehnung Gottes und seine Machtlosigkeit werden in dem Vergleich: *Knaben gleich, der Diesteln köpft* (V. 3 f.) anschaulich gemacht. Zahlreiche Enjambements (z. B. in Strophe 1) verstärken die Dynamik, die dem Aufbegehren innewohnt. Der Parallelismus: *ein Ohr (...) ein Herz* (V. 26 f.) deutet auf den enttäuschten Wunsch nach Hilfe hin. Aufzählungen und Parallelismen in V. 56 f. stellen die Gemeinsamkeit zwischen Prometheus und den von ihm erschaffenen Menschen dar. Der Neologismus *Knabenmorgenblütenträume* (V. 51) weist die schöpferische Kraft des unabhängigen Individuums nach, das sich auch seine Sprache selbst erfindet. Das Symbol Herz (V. 27, V. 34) als Ort der subjektiven Selbstvergewisserung ist das zentrale sprachliche Bild des Sturm und Drang.

C. Schluss

Trotzige Selbstbehauptung gegenüber Gott zeichnet die Lebenseinstellung des Prometheus aus. In dem wenige Monate später entstandenen Parallelgedicht *Ganymed* wird mit der völligen Hingabe an das Göttliche eine gegensätzliche Einstellung beschrieben. Sie drückt sich besonders gut in Goethes Briefroman *Die Leiden des jungen Werthers* aus und lässt sich auch in Schillers *Die Räuber* nachweisen (Todessehnsucht Karls). In *Die Leiden des jungen Werthers* offenbart sich der Wunsch nach Verschmelzung mit der Natur bzw. dem geliebten Objekt als Wunsch nach Aufgabe des Ichs. Beide Formen, „Verselbstigung" und „Entselbstigung", bestimmen das Menschenbild des Sturm und Drang.

info

Kurzbiografie Johann Wolfgang von Goethe s. S. 56 f.

5.2 Johann Wolfgang von Goethe *Ganymed*

Arbeitsaufgabe:
Interpretieren Sie das Gedicht.

Johann Wolfgang von Goethe (1749–1832)
***Ganymed* (1774)**

Wie im Morgenrot
Du rings mich anglühst,
Frühling, Geliebter!
Mit tausendfacher Liebeswonne
Sich an mein Herz drängt
Deiner ewigen Wärme
Heilig Gefühl,
Unendliche Schöne!

Dass ich dich fassen möcht'
In diesen Arm!

Ach, an deinem Busen
Lieg' ich, schmachte,
Und deine Blumen, dein Gras
Drängen sich an mein Herz.
Du kühlst den brennenden
Durst meines Busens,
Lieblicher Morgenwind,
Ruft drein die Nachtigall
Liebend nach mir aus dem Nebeltal.

Ich komme! Ich komme!
Wohin? Ach, wohin?

Hinauf, hinauf strebt's,
Es schweben die Wolken
Abwärts, die Wolken
Neigen sich der sehnenden Liebe,
Mir, mir!

In eurem Schoße
Aufwärts,
Umfangend umfangen!

Aufwärts
An deinem Busen,
Allliebender Vater!

Lösungsvorschlag:
Gliederung des Aufsatzes

A. Einleitung: Hymne, Thema des Gedichts, Figur des Ganymed

B. Hauptteil: Interpretation
- I. Inhalt und Aussage
  1. Inhalt
  2. Aussage

- II. Sprachliche und formale Mittel

C. Schluss: Vergleich mit Goethes *Werther* und *Prometheus* als Vergleichsgedicht

Stichwortartige Ausarbeitung des Aufsatzes

A. Einleitung

Hymne ursprünglich als meist religiöser Lob- und Preisgesang, im Mittelalter besonders in Klöstern gern benutzt; Hymne der Neuzeit losgelöst aus dem gottesdienstlichen Bereich, sie dient dem Lob Gottes, von Fürsten, von Tugenden; Klopstock gibt der Hymne neue formale Elemente wie den sogenannten freien Rhythmus, Abschnittseinteilung und kühne Metaphern. Goethe übernimmt Klopstocks formale Anregungen und gestaltet sie in seiner wenige Monate nach *Prometheus* entstandenen Hymne *Ganymed*, die das Erlebnis des Göttlichen thematisiert. Ganymed ist in der griechischen Sage der schöne Mundschenk des Zeus, nachdem er von dessen Adler in den Olymp entführt worden ist.

B. Hauptteil: Interpretation

I. Inhalt und Aussage

1. Inhalt

Im Hymnus wird die Naturerfahrung mit dem Erlebnis der Gottheit verglichen. Das lyrische Ich spricht Gott an, wie es in V. 32 deutlich wird, und bezeichnet ihn als *Frühling* und *Geliebte(n)* (V. 3). Es drückt die Liebe aus, mit der es sich nach ihm sehnt. Es möchte ihn mit dem Arm umfassen. Das Erlebnis des Göttlichen bedeutet Sehnsucht, aber auch Erfüllung. Dies wird in den Metaphern der Blumen und des Grases und des Morgenwindes erkennbar. Eine Nachtigall ruft das lyrische Ich aus einem Nebeltal; es antwortet darauf mit seiner Bereitschaft dem Ruf zu folgen, auch wenn es nicht weiß, wohin es folgen soll. In den letzten beiden Abschnitten wird der Aufstieg beschrieben, der Flug des Adlers durch die Wolken hinauf zu Zeus, der als *allliebender Vater* (V. 32) bezeichnet wird.

2. Aussage

Alles Lebendige will umfangend umfangen sein, Aufgehobensein im Göttlichen, Sehnsucht nach dem Hinschmelzen, Stichwort: „Entselbstigung"

II. Sprachliche und formale Mittel

Das Verschmelzen mit dem Göttlichen wird auch in der Sprache und in der Wahl der poetischen Mittel verdeutlicht: Freie Rhythmen, Verzicht auf Reime, zahlreiche Enjambements (vgl. V. 1 f., V. 4 f., V. 11 und öfter), unvollständige Sätze (vgl. z. B. V. 9 f.) und die Abschnittsgliederung deuten auf den unmittelbaren Gefühlsausdruck hin, der sich keiner vorgefertigten formalen Ordnung bedient. Die spontane Gefühlsäußerung, das Angerührt-Sein vom Erlebnis des Göttlichen, drücken die ausdrucksstarke Sprechweise (Wortwahl, z. B.: *anglühst*, V. 2, *tausendfacher Liebeswonne*, V. 4, *ewige Wärme*, V. 6, *unendliche Schöne*, V. 8) und die assoziative Fügung der Satzglieder aus (vgl. z. B. V. 4–8 und V. 27–32). Kühne Metaphern wie z. B. V. 22–26 und V. 27–32 verstärken den zum Ausdruck kommenden Wunsch nach Aufgabe des Ichs. Das Symbol Herz (V. 5, V. 14) als das zentrale Symbol der literarischen Epoche ist der Ort der emotionalen Selbstvergewisserung, der Ort von *heilig Gefühl* (V. 7) und *brennende(m) Durst* (V. 15).

C. Schluss

In der Hymne finden wir keine trotzige Selbstbehauptung gegenüber Gott wie im wenige Monate vorher entstandenen *Prometheus*; in *Ganymed* steht die völlige Hingabe an das Göttliche. Sie drückt sich besonders gut auch in Goethes Briefroman *Die Leiden des jungen Werthers* aus und lässt sich auch in Schillers *Die Räuber* nachweisen (Todessehnsucht Karls). In *Die Leiden des jungen Werthers* offenbart sich der Wunsch nach Verschmelzung mit der Natur bzw. dem geliebten Objekt als Wunsch nach Aufgabe des Ichs. Beide Formen, „Verselbstigung" und „Entselbstigung", bestimmen das Menschenbild des Sturm und Drang.

5.3 Johann Wolfgang von Goethe
Mailied

Arbeitsaufgabe:

Erarbeiten Sie den inhaltlichen Aufbau des Gedichtes. Stellen Sie dar, wie das lyrische Ich Liebe und Natur erlebt und wie das Erlebnis durch die verwendeten poetischen Mittel ausgedrückt wird.

info

Kurzbiografie Johann Wolfgang von Goethe s. S. 56 f.

Johann Wolfgang von Goethe (1749–1832)
***Mailied* (1771)**

Wie herrlich leuchtet
Mir die Natur!
Wie glänzt die Sonne!
Wie lacht die Flur!

Es dringen Blüten
Aus jedem Zweig
Und tausend Stimmen
Aus dem Gesträuch

Und Freud und Wonne
Aus jeder Brust.
O Erd', o Sonne,
O Glück, o Lust,

O Lieb', o Liebe,
So golden schön
Wie Morgenwolken
Auf jenen Höhn,

Du segnest herrlich
Das frische Feld –
Im Blütendampfe
Die volle Welt!

O Mädchen, Mädchen,
Wie lieb' ich dich!
Wie blinkt dein Auge,
Wie liebst du mich!

So liebt die Lerche
Gesang und Luft,
Und Morgenblumen
Den Himmelsduft,

Wie ich dich liebe
Mit warmem Blut,
Die du mir Jugend
Und Freud' und Mut

Zu neuen Liedern
Und Tänzen gibst.
Sei ewig glücklich,
Wie du mich liebst.

Lösungsvorschlag:
Gliederung des Aufsatzes

A. Einleitung: Naturerfahrung des Sturm und Drang, Thema des Gedichtes

B. Hauptteil: Interpretation
- I. Inhalt
- II. Naturerlebnis des lyrischen Ichs
- III. Formale und sprachliche Mittel

C. Schluss: Naturerlebnis der Romantik im Vergleich

Stichwortartige Ausarbeitung des Aufsatzes

A. Einleitung

Hinweis auf Naturerfahrung Werthers in Goethes Briefroman *Die Leiden des jungen Werthers*; Natur als Spiegel der Seele und Projektionsfläche der Liebesbeziehung zu Lotte; Verbindung von Liebe und Natur auch in Goethes Gedicht *Mailied*, entstanden 1771, drei Jahre vor dem *Werther*.

B. Hauptteil: Interpretation

I. Inhalt

1. Strophe: freudiges Naturempfinden
2. Strophe: Entfaltung des Lebens in der Natur (Blüten, Tierleben)
3. Strophe: Glücksempfinden des lyrischen Ichs in der Natur

4.+5. Strophe: Vergleich der Schönheit der Liebe mit Naturerscheinungen
6. Strophe: wechselseitige Liebe des lyrischen Ichs und des Mädchens
7. Strophe: Vergleich der Liebe mit lebensnotwendigen Vorgängen aus der Natur
8. Strophe: Wirkungen der Liebe auf das lyrische Ich: Jugend, Lebensfreude
9. Strophe: Anregungen für das künstlerische Schaffen, Wunsch nach ewiger Dauer der Liebe

II. Naturerlebnis des lyrischen Ichs
Einheitserlebnis des lyrischen Ichs mit der Natur in Verbindung mit dem Gefühl der Liebe, beides wird in schwärmerischer Weise erlebt; sinnliche Erfahrung der Liebe (*Mit warmem Blut, Lust*) und religiöse Erfahrung (*segnest*); Glaube an die Dauerhaftigkeit der Liebe

III. Formale und sprachliche Mittel
Die verwendeten Mittel unterstützen die schwärmerische Auffassung der Natur und das Harmonieerlebnis durch:
- 9 zweihebige, jambische Vierzeiler, Reimschema: abcb (Ausnahme: Kreuzreim in der 3. Strophe); Regelmäßigkeit unterstreicht Feierlichkeit der Aussage, Loblied auf Liebe und Natur;
- Personifikation: *Wie lacht die Flur!* (V. 4), die segnende Liebe (vgl. V. 13–17);
- Enjambement (vgl. z. B. V. 1–10, Strophensprung in V. 32 f.), Ineinanderfließen als Einheitserfahrung;
- Ausrufe, Interjektionen (vgl. V. 11–13): Ausdruck der inneren Erregung;
- Vergleich: *wie Morgenwolken* (V. 15), V. 25–28, Unterstreichung der Einheit von Mensch und Natur;
- Wortwahl: religiöser Bereich (*segnest*, V .17) als feierlich-sakraler Ausdruck, auch metaphysische Legitimation;
- synästhetische Ausdrücke: *Blütendampfe* (V. 19), zwei wichtige Sinne werden angesprochen (Nase, Auge), Naturerfahrung nimmt den ganzen Menschen in Beschlag;
- Parallelismus und Anapher (vgl. V. 22–24) als Betonung der gegenseitigen Liebe

C. Schluss
Harmonieerfahrung des lyrischen Ichs als Ausdruck der Übereinstimmung zwischen Mensch und Natur; in Romantik Naturerfahrung als Projektion menschlicher Sehnsucht nach dem Zuhause, z. B. Joseph von Eichendorffs *Mondnacht*; im 20. Jahrhundert keine Harmonie von

Mensch und Natur, auch in Gedichten deutlich (Themen z. B. Industrialisierung, Umweltzerstörung, Krieg und Gefangenschaft), vgl. z. B. *An die Lerche* von Günther Eich (s. unten).

Vgl. zum Problemkreis „Harmonieerfahrung des lyrischen Ichs" auch das nebenstehende Gedicht aus dem 20. Jahrhundert

Günter Eich (1907–1972)
***An die Lerche* (1948)**

Da schon das Gras zu Staub zertreten ist,
die Wüste unter unseren Füßen wächst,
da schon die Apfelbäume, die entrindeten,
zweiglos wie gelb gebleichte Baumskelette
geschändet stehen: Ach, da fliehen uns
die bunten Vögel. Keine Kehle sänge
den Mai uns vor, den schallenden von Liedern,
bliebst du nicht, Lerche, Vogel der Gefangenen.

Du graues Wesen, wie dein einfach Lied
hoch über unsern Häuptern jubiliert,
als wär der steinern trockne Lehm ein Kornfeld,
als wären wir nicht dürr und unfruchtbar,
als solle Saat und Halm aus uns entsprießen
und unser Los gediehe noch zur Ähre.

Oh sing uns keinen falschen Schlummertrost,
sei uns Prophet und sing die kalte Zukunft,
die jubelnde!

6. Klassik (1786–1805)

Inhaltliche Merkmale
Ideal vollkommener Schönheit;
Harmonie und Ausgewogenheit;
hoher Wert des sittlichen Handelns;
Humanität und Toleranz;
kosmische Ordnung als Notwendigkeit;
Herausstellung des Erhabenen

Hauptvertreter und Werke
Johann Wolfgang v. Goethe (1749–1832): *Iphigenie auf Tauris*, *Faust I* und *Faust II*, Gedichte und Balladen;
Friedrich Schiller (1759–1805): *Über Anmut und Würde*, *Über die ästhetische Erziehung des Menschen*;

Nachklassik:
Heinrich von Kleist (1777–1811): *Der zerbrochene Krug*, *Michael Kohlhaas*;
Friedrich Hölderlin (1770–1843): *Der Tod des Empedokles*;
Jean Paul (1763–1825): *Flegeljahre*

Formale Merkmale
Harmonie zwischen Aussage und Form als Ideal: Kunstballade;
Dinggedicht;
Gedankenlyrik;
Hymne;
Verwendung antiker Formen und Stilmittel;
Entwicklungsroman;
Ballade;
Ideendrama, analytisches Drama

6.1 Johann Wolfgang von Goethe
Gesang der Geister über den Wassern

Arbeitsaufgabe:
Interpretieren Sie das Gedicht. Wie lassen sich die Naturbeobachtungen auf die Aussagen über das Leben des Menschen beziehen?

info
Kurzbiografie Johann Wolfgang von Goethe s. S. 56 f.

Johann Wolfgang von Goethe (1749–1832)
***Gesang der Geister über den Wassern* (1779)**

Des Menschen Seele
Gleicht dem Wasser:
Vom Himmel kommt es,
Zum Himmel steigt es,
Und wieder nieder
Zur Erde muss es
Ewig wechselnd.

Strömt von der hohen,
Steilen Felswand
Der reine Strahl,
Dann stäubt er lieblich
in Wolkenwellen
Zum glatten Fels,
Und leicht empfangen
Wallt er verschleiernd,
Leisrauschend
Zur Tiefe nieder.

Ragen Klippen
Dem Sturz entgegen,
Schäumt er unmutig
Stufenweise
Zum Abgrund.

Im flachen Bette
Schleicht er das Wiesental hin,
Und in dem glatten See
Weiden ihr Antlitz
Alle Gestirne.

Wind ist der Welle
Lieblicher Buhler;
Wind mischt von Grund aus
Schäumende Wogen.

Seele des Menschen,
Wie gleichst du dem Wasser!
Schicksal des Menschen,
Wie gleichst du dem Wind!

Lösungsvorschlag: Gliederung des Aufsatzes

A. Einleitung: Entstehung, Thema des Gedichtes

B. Hauptteil: Interpretation
  I. Inhalt
  II. Sprachliche und formale Mittel
  III. Naturbeobachtungen

C. Schluss: Hinweis auf ähnliche Motive in anderen Gedichten Goethes

Stichwortartige Ausarbeitung des Aufsatzes

A. Einleitung

Goethe schrieb das Gedicht während seiner zweiten Schweizer Reise 1779 und schickte es an Charlotte von Stein. Anlass war das Erlebnis des Staubbach-Wasserfalls. Gedicht als Rollengedicht, als Gesang von *Geistern*. Thema des Rollengedichtes ist das menschliche Leben, das mit dem Lauf des Wassers verglichen wird.

B. Hauptteil: Interpretation

I. Inhalt

Die Seele des Menschen befindet sich wie das Wasser in einem ewigen Kreislauf vom Himmel zur Erde und wieder zurück. Das Wasser stürzt von einem Wasserfall hinab, Dampf steigt den Fels empor, das Wasser fließt weiter. Klippen bewirken ein Aufschäumen des Wassers. Das Wasser fließt in einem flachen Flussbett durch ein Tal, es mündet in einen See, in dem sich die Sterne spiegeln. Der Wind erzeugt Wellen auf dem Wasser. Die Seele des Menschen gleicht dem Wasser, das Schicksal des Menschen gleicht dem Wind.

II. Sprachliche und formale Mittel

Es lassen sich die folgenden sprachlichen und formalen Mittel feststellen:

- 6 Strophen von unterschiedlicher Länge;
- freie Rhythmen, meist zweihebig, nur V. 24 f. dreihebig als Ausdruck des langsamen Dahinfließens;
- Assonanz, z. B. der Binnenreim *wieder nieder* (V. 5), *ewig wechselnd* (V. 7), *unmutig, Stufenweise, Zum Abgrund* (V. 19–21);

- Alliteration: *Erde, ewig* (V. 6 f.), *st*-Alliterationen in V. 8–11, *w*-Alliterationen in *Wind, Welle, Wogen, Wasser* (V. 28–V. 33);
- Parallelismus: *Vom Himmel kommt es, Zum Himmel steigt es* (V. 3 f.), Zusammenhang zwischen Menschlichem und Göttlichem, Regelmäßigkeit des kreislaufartigen Geschehens.

III. Naturbeobachtung

Bild des Wasserfalls: Jugend
Bild der verlangsamten Bewegung: das Älter-Werden
Bild der Klippen: Gefährdungen des Lebens
Bild der gespiegelten Gestirne: Verbindung des Göttlichen mit dem Menschlichen, alles Lebendige als Hinweis auf göttlichen Schöpfer
Bild des Windes und des Wassers: Wind als Schicksal des Menschen, manchmal freundlich, manchmal feindlich, Wasser als Seele des Menschen.

C. Schluss

Als Gedicht aus der Frühklassik enthält es manche Parallelen zu anderen Natur- und Weltanschauungsgedichten Goethes: Bild des ewigen Kreislaufs (vgl. V. 7) auch in der Ring-Symbolik in *Grenzen der Menschheit* (1781): *Ein kleiner Ring / Begrenzt unser Leben, / Und viele Geschlechter / Reihen sich dauernd / An ihres Daseins / Unendliche Kette*. Vgl. auch das Naturbild im 1783 entstandenen Gedicht *Das Göttliche* (Wind als Schicksal): *Wind und Ströme, / Donner und Hagel / Rauschen ihren Weg / Und ergreifen / Vorüber eilend / Einen um den andern* (V. 20–25).

6.2 Johann Wolfgang von Goethe *Das Göttliche*

Kurzbiografie Johann Wolfgang von Goethe s. S. 56 f.

Arbeitsaufgabe:
Interpretieren Sie das Gedicht und ordnen Sie es literarhistorisch ein.

Johann Wolfgang von Goethe (1749–1832)
***Das Göttliche* (1783)**

Edel sei der Mensch,
Hilfreich und gut!
Denn das allein
Unterscheidet ihn
Von allen Wesen,
Die wir kennen.

Heil den unbekannten
Höhern Wesen,
Die wir ahnen!
Ihnen gleiche der Mensch;
Sein Beispiel lehr uns
Jene glauben.

Denn unfühlend
Ist die Natur:
Es leuchtet die Sonne
Über Bös' und Gute,
Und dem Verbrecher
Glänzen wie dem Besten
Der Mond und die Sterne.

Wind und Ströme,
Donner und Hagel
Rauschen ihren Weg
Und ergreifen
Vorüber eilend
Einen um den andern.

Auch so das Glück
Tappt unter die Menge,
Faßt bald des Knaben
Lockige Unschuld,
Bald auch den kahlen
Schuldigen Scheitel.

Nach ewigen, ehrnen,
Großen Gesetzen
Müssen wir alle
Unseres Daseins
Kreise vollenden.

Nur allein der Mensch
Vermag das Unmögliche:
Er unterscheidet,
Wählet und richtet;
Er kann dem Augenblick
Dauer verleihen.

Er allein darf
Den Guten lohnen,
Den Bösen strafen,
Heilen und retten,
Alles Irrende, Schweifende
Nützlich verbinden.

Und wir verehren
Die Unsterblichen,
Als wären sie Menschen,
Täten im Großen,
Was der Beste im Kleinen
Tut oder möchte.

Der edle Mensch
Sei hilfreich und gut!
Unermüdet schaff er
Das Nützliche, Rechte,
Sei uns ein Vorbild
Jener geahneten Wesen!

Lösungsvorschlag: Gliederung des Aufsatzes

A. Einleitung: Autor, Titel, Thema des Gedichtes

B. Hauptteil: Interpretation
- I. Inhalt und Aufbau, Aussage
  1. Inhalt und Aufbau
  2. Aussage
- II. Literarhistorische Einordnung in die Epoche der Klassik

C. Schluss: Ausblick auf anderes Gedicht der Epoche

Stichwortartige Ausarbeitung des Aufsatzes

A. Einleitung

In dem 1783 von Johann Wolfgang von Goethe verfassten Gedicht *Das Göttliche* wird das Menschenbild der Klassik formuliert; außerdem geht es um das Verhältnis zwischen Menschen und höheren Wesen.

B. Hauptteil: Interpretation

I. Inhalt und Aufbau, Aussage

1. Inhalt und Aufbau

10 Strophen, wobei die erste und die zehnte Strophe durch den Appell an den Menschen, hilfreich und gut zu sein, einen Rahmen bilden.

Strophe 1: Appell, hilfreich und gut zu sein im Bewusstsein, dass es das ist, was den Menschen vom Tier unterscheidet.

Strophe 2: Begrüßung der erahnten höheren Wesen; das Leben des guten Menschen soll glaubensstärkend wirken.

Strophe 3: Natur nimmt keine moralische Bewertung vor.

Strophe 4: Naturereignisse wie Wind und Gewitter treffen gute wie schlechte Menschen.

Strophe 5: Auch das Glück macht keinen Unterschied zwischen guten und schlechten Menschen.

Strophe 6: Ewige Gesetze bestimmen den Verlauf des menschlichen Lebens.

Strophe 7 und 8: Der Mensch allerdings kann eine moralische Wertung vornehmen und eine Strafe aussprechen.

Strophe 9: Menschen verehren Götter als absolute Realisierung dessen, was der vorbildhafte Mensch vermag.

Strophe 10: Der Mensch soll im Kleinen ein Vorbild dieser großen Götter sein. Dazu soll er hilfreich und edel sein und sich unermüdlich um das Gute bemühen.

2. Aussage

Die Ahnung ermöglicht dem Menschen eine Vorstellung der Götter. Das Streben des Menschen nach dem Göttlichen ist sein herausragender Wesenszug und als moralischer Anspruch, als ethischer Appell zu verstehen.

II. Literarhistorische Einordnung in die Epoche der Klassik

Die literarhistorische Einordnung in die Epoche der Klassik lässt sich folgendermaßen begründen:

- keine Selbstbehauptung des Menschen gegen Götter wie z. B. im Sturm und Drang (vgl. Goethe *Prometheus*), Götter vielmehr als Vorbilder für das gute menschliche Handeln (vgl. V. 6–12);
- der Mensch ist ewigen Gesetzen unterworfen, die er nicht beeinflussen kann (vgl. V. 32 ff.);
- besonders in letzter Strophe kommt sittlicher Idealismus der Klassik zum Ausdruck, der Glaube an die reine Menschlichkeit wird im Begriff *der edle Mensch* (V. 54) zusammengefasst. Der edle Mensch ist nach Kant derjenige, der das Sittengesetz des ver-

nunftbegabten Menschen verkörpert. In seiner *Kritik der praktischen Vernunft* (1788) heißt es: *Handle so, dass du die Menscheit sowohl in deiner Person als in der Person eines jeden anderen jederzeit zugleich als Zweck, niemals bloß als Mittel brauchst*;

- Primat der Vernunft, die richtet und steuert; Ziel: Erschaffung des Nützlichen (vgl. V. 47 und V. 57);
- Einordnung in die Frühklassik (Hochklassik beginnt mit Goethes italienischer Reise 1786–88) auch inhaltlich begründbar. Schillers Vorstellung des erhabenen Menschen, in dem Pflicht und Neigung harmonisch zusammenfallen und der als *schöne Seele* bezeichnet wird, klingt in *Das Göttliche* noch nicht an; auch seine Vorstellung von der Bildungsaufgabe der Kunst, der ästhetischen Erziehung, die den Menschen zur *schönen Seele* macht, wie er sie in *Anmut und Würde* (1793) oder in *Briefe über die ästhetische Erziehung des Menschen* (1795) formuliert, ist noch keine Rede;
- die idealistische Vorstellung, dass die Verbesserung des einzelnen Menschen schließlich zur Verbesserung der Gesellschaft führt, lässt sich in Andeutungen aus den letzten beiden Strophen herauslesen;
- der in V. 54–59 geäußerte Humanitätsgedanke verbindet das Gedicht z. B. mit Goethes *Iphigenie*, in der die der Wahrheit verpflichtete *schöne Seele* das Kant'sche Sittengesetz durch ihre unerhörte Tat verwirklicht.

C. Schluss

Das Verhältnis des Menschen zu dem Göttlichen wird auch in einem anderen Gedicht Goethes aus der Frühklassik thematisiert. In *Grenzen der Menschheit* (1781) wird die Warnung ausgesprochen, der Mensch solle nicht versuchen, sich mit den Göttern zu vergleichen (s. S. 73 f., vgl. V. 11–20). Während die Götter ewig seien, müsse sich der Mensch seine eigene Vergänglichkeit bewusst machen, die ihn von jenen unterscheidet (vgl. V. 29–36). Ehrfurcht solle das den Menschen bestimmende Gefühl gegenüber den transzendenten Mächten sein (vgl. V. 9). Von dem aus dieser Haltung resultierenden sittlichen Appell, wie er in *Das Göttliche* formuliert wird, ist noch nicht die Rede; gedanklich wird er jedoch bereits 1781 vorbereitet.

Johann Wolfgang von Goethe (1749–1832)
***Grenzen der Menschheit* (1781)**

Wenn der uralte
Heilige Vater
Mit gelassener Hand
Aus rollenden Wolken
Segnende Blitze
Über die Erde sät.
Küss ich den letzten
Saum seines Kleides,
Kindliche Schauer
Treu in der Brust.

Denn mit den Göttern
Soll sich nicht messen
Irgendein Mensch.
Hebt er sich aufwärts
Und berührt
Mit dem Scheitel die Sterne
Nirgends haften dann
Die unsichern Sohlen,
Und mit ihm spielen Wolken und Winde.

Steht er mit festen,
Markigen Knochen
Auf der wohlgegründeten
Dauernden Erde,
Reicht er nicht auf,
Nur mit der Eiche
Oder der Rebe
Sich zu vergleichen.

Was unterscheidet
Götter von Menschen?
Dass viele Wellen
Vor jenen wandeln,
Ein ewiger Strom:
Uns hebt die Welle,
Verschlingt die Welle,
Und wir versinken.

Ein kleiner Ring
Begrenzt unser Leben,
Und viele Geschlechter
Reihen sich dauernd
An ihres Daseins
Unendliche Kette.

6.3 Johann Wolfgang von Goethe
Auf dem See

Arbeitsaufgabe:

Geben Sie den Inhalt des Gedichtes wieder und entwickeln Sie seine Aussage. Erarbeiten Sie, wie die formale und sprachliche Gestaltung die Aussage unterstützt.

Johann Wolfgang von Goethe (1749–1832)
***Auf dem See* (1775)**

Und frische Nahrung, neues Blut
Saug' ich aus freier Welt;
Wie ist Natur so hold und gut,
Die mich am Busen hält!
Die Welle wieget unsern Kahn
Im Rudertakt hinauf,
Und Berge, wolkig himmelan,
Begegnen unserm Lauf.

Aug', mein Aug', was sinkst du nieder?
Goldne Träume, kommt ihr wieder?
Weg, du Traum, so gold du bist:
Hier auch Lieb' und Leben ist.

Auf der Welle blinken
Tausend schwebende Sterne,
Weiche Nebel trinken
Rings die türmende Ferne;
Morgenwind umflügelt
Die beschattete Bucht,
Und im See bespiegelt
Sich die reifende Frucht.

Lösungsvorschlag:
Gliederung des Aufsatzes

A. Einleitung: Thema des Gedichtes

B. Hauptteil: Interpretation
   I. Inhalt und Aussage
      1. Inhalt
      2. Aussage

   II. Sprachliche Gestaltung

C. Schluss: Aktualitätsbezug

Stichwortartige Ausarbeitung des Aufsatzes

A. Einleitung

In dem Gedicht *Auf dem See* von Johann Wolfgang von Goethe geht es um die Naturerfahrung des lyrischen Ichs.

B. Hauptteil: Interpretation

I. Inhalt und Aussage

1. Inhalt

In der ersten Strophe befindet sich das lyrische Ich in einem Boot auf einem See. Es lobt die Natur, die es als nährend und gut bezeichnet. In der zweiten Strophe beginnt der Sprecher zu träumen. Mit dem Argument, dass Lebendiges und Liebe auch hier zu finden seien, verscheucht er den Traum. Die dritte Strophe enthält die Beschreibung eines Morgenidylls. Die Sterne spiegeln sich noch im Wasser und Nebel steigt aus dem See, während ein Morgenwind sich erhebt und sich Früchte im Wasser spiegeln.

2. Aussage

Lob der positiven Wirkung der Natur auf den Menschen.

II. Sprachliche Gestaltung

Es lassen sich die folgenden poetischen Gestaltungsmittel erkennen:

- Metrum: Jambus in der ersten Strophe als lautliche Untermalung des Rudertakts, Trochäus in der zweiten Strophe als Ausdruck der veränderten Stimmung (Verlangsamung des Sprechens als Folge des Nachdenkens), in der dritten Strophe Trochäus zusammen

mit einem daktylischen Metrum in V. 14, V. 16, V. 18, V. 20 als Ausdruck von feierlicher Beschwingtheit;
- Kreuzreim und gleiche Verszahl in der ersten und dritten Strophe: Hinweis auf Zusammengehörigkeit (positive Grundstimmung); die zweite Strophe weist einen Paarreim auf und hat nur die Hälfte der Verse der ersten bzw. dritten Strophe: Hinweis auf kurzen und nicht nachhaltigen Stimmungswechsel;
- Enjambement: z. B. V. 1 f, V. 7 f. und v. a. V. 13–V. 20, besondere Betonung der Verbindung von ursprünglich Getrenntem, in V. 1 als Mittel, das den Vorgang des „Energietankens" verdeutlicht;
- Alliteration: *Welle wieget* (V. 5), Verstärkung der wiegenden Bewegung;
- zweite Strophe mit zwei Fragen und einem Befehl, verdeutlicht Entschlossenheit des Sprechers;
- positive Adjektive wie z. B. *frische* (V. 1), *hold, gut* (V. 3) als Hinweis auf die belebende Kraft der Natur.

C. Schluss

Natur entfaltet ihre beruhigende Wirkung auf den Menschen, der aus ihr Lebenskraft zieht. Mögliche Aktualisierung: Problem der zunehmenden Urbanisierung und des zunehmenden Massentourismus mit der daraus resultierenden Tatsache, dass ungetrübtes Naturerleben immer schwieriger ist.

Info

Friedrich Schiller wird am 10. 11. 1759 in Marbach/Neckar geboren. Er will zunächst Pfarrer werden, tritt 1773 aber in die Herzogliche Militär-Akademie (Karlsschule) ein und beginnt ein Rechtsstudium und später ein Medizinstudium. Schon während seiner Ausbildung in der von ihm als einengend empfundenen Karlsschule

6.4 Friedrich Schiller
Das Lied von der Glocke

Arbeitsaufgabe:

Erarbeiten Sie den inhaltlichen Aufbau des Gedichtes. Weisen Sie nach, dass es sich um ein Gedicht aus der Epoche der Klassik handelt.

Friedrich Schiller (1759–1805)
***Das Lied von der Glocke* (1800)**

Vivos voco
Mortuos plango
Fulgura frango[1]

Fest gemauert in der Erden
Steht die Form, aus Lehm gebrannt.

[1] Übersetzung: Die Lebenden rufe ich, / die Toten beklage ich, / die Blitze breche ich.

Heute muss die Glocke werden,
Frisch, Gesellen, seid zur Hand.
Von der Stirne heiß
Rinnen muss der Schweiß,
Soll das Werk den Meister loben,
Doch der Segen kommt von oben.

Zum Werke, das wir ernst bereiten,
Geziemt sich wohl ein ernstes Wort;
Wenn gute Reden sie begleiten,
Dann fließt die Arbeit munter fort.
So lasst uns jetzt mit Fleiß betrachten,
Was durch die schwache Kraft entspringt,
Den schlechten Mann muss man verachten,
Der nie bedacht, was er vollbringt.
Das ists ja, was den Menschen zieret,
Und dazu ward ihm der Verstand,
Dass er im innern Herzen spüret,
Was er erschafft mit seiner Hand.

Nehmet Holz vom Fichtenstamme,
Doch recht trocken lasst es sein,
Dass die eingepresste Flamme
Schlage zu dem Schwalch hinein.
Kocht des Kupfers Brei,
Schnell das Zinn herbei,
Dass die zähe Glockenspeise
Fließe nach der rechten Weise.

Was in des Dammes tiefer Grube
Die Hand mit Feuers Hülfe baut,
Hoch auf des Turmes Glockenstube
Da wird es von uns zeugen laut.
Noch dauern wirds in späten Tagen
Und rühren vieler Menschen Ohr
Und wird mit dem Betrübten klagen
Und stimmen zu der Andacht Chor.
Was unten tief dem Erdensohne
Das wechselnde Verhängnis bringt,
Das schlägt an die metallne Krone,
Die es erbaulich weiterklingt.

veröffentlicht er erste Werke, z. B. *Die Räuber* (1777). 1782 flieht er aus Stuttgart wegen der Beschränkung seiner dichterischen und persönlichen Freiheit. 1783 findet er in Mannheim eine Anstellung als Theaterdichter, 1788 erhält er eine Geschichtsprofessur in Jena. Eine finanzielle Unterstützung durch den Erbprinzen Friedrich Christian von Schleswig-Holstein ermöglicht ihm ein dreijähriges Studium philosophischer Schriften, das sich in entsprechenden Abhandlungen niederschlägt, die die Grundlage der deutschen Klassik darstellen. 1794 freundet er sich mit Goethe an. Schiller stirbt 1805. Schiller und Goethe sind die wichtigsten Vertreter des Sturm und Drang und der deutschen Klassik. Berühmte Werke Schillers sind: *Don Karlos, Infant von Spanien* (1787), *Wallenstein* (1798), *Maria Stuart* (1800).

Weiße Blasen seh ich springen,
Wohl! die Massen sind im Fluss.
Lassts mit Aschensalz durchdringen,
Das befördert schnell den Guss.
   Auch von Schaume rein
   Muss die Mischung sein,
Dass vom reinlichen Metalle
Rein und voll die Stimme schalle.

Denn mit der Freude Feierklange
Begrüßt sie das geliebte Kind
Auf seines Lebens erstem Gange,
Den es in Schlafes Arm beginnt;
Ihm ruhen noch im Zeitenschoße
Die schwarzen und die heitern Lose,
Der Mutterliebe zarte Sorgen
Bewachen seinen goldnen Morgen.
Die Jahre fliehen pfeilgeschwind.
Vom Mädchen reißt sich stolz der Knabe,
Er stürmt ins Leben wild hinaus,
Durchmisst die Welt am Wanderstabe.
Fremd kehrt er heim ins Vaterhaus,
Und herrlich, in der Jugend Prangen,
Wie ein Gebild aus Himmelshöhn,
Mit züchtigen, verschämten Wangen.
Sieht er die Jungfrau vor sich stehn,
Da fasst ein namenloses Sehnen
Des Jünglings Herz, er irrt allein,
Aus seinen Augen brechen Tränen,
Er flieht der Brüder wilden Reihn.
Errötend folgt er ihren Spuren
Und ist von ihrem Gruß beglückt,
Das Schönste sucht er auf den Fluren,
Womit er seine Liebe schmückt.
O! zarte Sehnsucht, süßes Hoffen,
Der ersten Liebe goldne Zeit,
Das Auge sieht den Himmel offen,
Es schwelgt das Herz in Seligkeit.
O! dass sie ewig grünen bliebe,
Die schöne Zeit der jungen Liebe!

Wie sich schon die Pfeifen bräunen!
Dieses Stäbchen tauch ich ein,

Sehn wirs überglast erscheinen,
Wirds zum Gusse zeitig sein.
  Jetzt, Gesellen, frisch!
  Prüft mir das Gemisch,
Ob das Spröde mit dem Weichen
Sich vereint zum guten Zeichen.

Denn wo das Strenge mit dem Zarten,
Wo Starkes sich und Mildes paarten,
Da gibt es einen guten Klang.
Drum prüfe, wer sich ewig bindet,
Ob sich das Herz zum Herzen findet!
Der Wahn ist kurz, die Reu ist lang.
Lieblich in der Bräute Locken
Spielt der jungfräuliche Kranz,
Wenn die hellen Kirchenglocken
Laden zu des Festes Glanz.
Ach! des Lebens schönste Feier
Endigt auch den Lebensmai,
Mit dem Gürtel, mit dem Schleier
Reißt der schöne Wahn entzwei.
Die Leidenschaft flieht!
Die Liebe muss bleiben,
Die Blume verblüht,
Die Frucht muss treiben.
Der Mann muss hinaus
Ins feindliche Leben,
Muss wirken und streben
Und pflanzen und schaffen,
Erlisten, erraffen,
Muss wetten und wagen,
Das Glück zu erjagen.
Da strömet herbei die unendliche Gabe,
Es füllt sich der Speicher mit köstlicher Habe,
Die Räume wachsen, es dehnt sich das Haus.
Und drinnen waltet
Die züchtige Hausfrau,
Die Mutter der Kinder,
Und herrschet weise
Im häuslichen Kreise,
Und lehret die Mädchen
Und wehret den Knaben,
Und reget ohn Ende

Die fleißigen Hände,
Und mehrt den Gewinn
Mit ordnendem Sinn.
Und füllet mit Schätzen die duftenden Laden,
Und dreht um die schnurrende Spindel den Faden,
Und sammelt im reinlich geglätteten Schrein
Die schimmernde Wolle, den schneeigten Lein,
Und füget zum Guten den Glanz und den Schimmer,
Und ruhet nimmer.
Und der Vater mit frohem Blick
Von des Hauses weitschauendem Giebel
Überzählet sein blühend Glück,
Siehet der Pfosten ragende Bäume
Und der Scheunen gefüllte Räume
Und die Speicher, vom Segen gebogen,
Und des Kornes bewegte Wogen,
Rühmt sich mit stolzem Mund:
Fest, wie der Erde Grund,
Gegen des Unglücks Macht
Steht mir des Hauses Pracht!
Doch mit des Geschickes Mächten
Ist kein ewger Bund zu flechten,
Und das Unglück schreitet schnell.

Wohl! Nun kann der Guss beginnen,
Schön gezacket ist der Bruch.
Doch, bevor wirs lassen rinnen,
Betet einen frommen Spruch!
  Stoßt den Zapfen aus!
  Gott bewahr das Haus.
Rauchend in des Henkels Bogen
Schießts mit feuerbraunen Wogen.

Wohltätig ist des Feuers Macht,
Wenn sie der Mensch bezähmt, bewacht,
Und was er bildet, was er schafft,
Das dankt er dieser Himmelskraft,
Doch furchtbar wird die Himmelskraft,
Wenn sie der Fessel sich entrafft,
Einhertritt auf der eignen Spur
Die freie Tochter der Natur.
Wehe, wenn sie losgelassen
Wachsend ohne Widerstand

Durch die volkbelebten Gassen
Wälzt den ungeheuren Brand!
Denn die Elemente hassen
Das Gebild der Menschenhand.
Aus der Wolke
Quillt der Segen,
Strömt der Regen,
Aus der Wolke, ohne Wahl,
Zuckt der Strahl!
Hört ihrs wimmern hoch vom Turm?
Das ist Sturm!
Rot wie Blut
Ist der Himmel,
Das ist nicht des Tages Glut!
Welch Getümmel
Straßen auf!
Dampf wallt auf!
Flackernd steigt die Feuersäule,
Durch der Straße lange Zeile
Wächst es fort mit Windeseile,
Kochend wie aus Ofens Rachen
Glühn die Lüfte, Balken krachen,
Pfosten stürzen, Fenster klirren,
Kinder jammern, Mütter irren,
Tiere wimmern
Unter Trümmern,
Alles rennet, rettet, flüchtet,
Taghell ist die Nacht gelichtet,
Durch der Hände lange Kette
Um die Wette
Fliegt der Eimer, hoch im Bogen
Sprützen Quellen, Wasserwogen.
Heulend kommt der Sturm geflogen,
Der die Flamme brausend sucht.
Prasselnd in die dürre Frucht
Fällt sie, in des Speichers Räume,
In der Sparren dürre Bäume,
Und als wollte sie im Wehen
Mit sich fort der Erde Wucht
Reißen, in gewaltger Flucht,
Wächst sie in des Himmels Höhen
Riesengroß!
Hoffnungslos

Weicht der Mensch der Götterstärke,
Müßig sieht er seine Werke
Und bewundernd untergehen.

Leergebrannt
Ist die Stätte,
Wilder Stürme rauhes Bette,
In den öden Fensterhöhlen
Wohnt das Grauen,
Und des Himmels Wolken schauen
Hoch hinein.

Einen Blick
Nach dem Grabe
Seiner Habe
Sendet noch der Mensch zurück –
Greift fröhlich dann zum Wanderstabe,
Was Feuers Wut ihm auch geraubt,
Ein süßer Trost ist ihm geblieben,
Er zählt die Häupter seiner Lieben,
Und sieh! ihm fehlt kein teures Haupt.

In die Erd ists aufgenommen,
Glücklich ist die Form gefüllt,
Wirds auch schön zutage kommen,
Dass es Fleiß und Kunst vergilt?
  Wenn der Guss misslang?
  Wenn die Form zersprang?
Ach! vielleicht, indem wir hoffen,
Hat uns Unheil schon getroffen.

Dem dunkeln Schoß der heilgen Erde
Vertrauen wir der Hände Tat,
Vertraut der Sämann seine Saat
Und hofft, dass sie entkeimen werde
Zum Segen, nach des Himmels Rat.
Noch köstlicheren Samen bergen
Wir trauernd in der Erde Schoß
Und hoffen, dass er aus den Särgen
Erblühen soll zu schönerm Los.

Von dem Dome,
Schwer und bang,

Tönt die Glocke
Grabgesang.
Ernst begleiten ihre Trauerschläge
Einen Wandrer auf dem letzten Wege.

Ach! die Gattin ists, die teure,
Ach! es ist die treue Mutter,
Die der schwarze Fürst der Schatten
Wegführt aus dem Arm des Gatten,
Aus der zarten Kinder Schar,
Die sie blühend ihm gebar,
Die sie an der treuen Brust
Wachsen sah mit Mutterlust
Ach! des Hauses zarte Bande
Sind gelöst auf immerdar,
Denn sie wohnt im Schattenlande,
Die des Hauses Mutter war,
Denn es fehlt ihr treues Walten,
Ihre Sorge wacht nicht mehr,
An verwaister Stätte schalten
Wird die Fremde, liebeleer.

Bis die Glocke sich verkühlet,
Lasst die strenge Arbeit ruhn,
Wie im Laub der Vogel spielet,
Mag sich jeder gütlich tun.
   Winkt der Sterne Licht,
   Ledig aller Pflicht
Hört der Pursch die Vesper schlagen,
Meister muss sich immer plagen.

Munter fördert seine Schritte
Fern im wilden Forst der Wandrer
Nach der lieben Heimathütte.
Blökend ziehen heim die Schafe,
Und der Rinder
Breitgestirnte, glatte Scharen
Kommen brüllend,
Die gewohnten Ställe füllend.
Schwer herein
Schwankt der Wagen,
Kornbeladen,
Bunt von Farben

Auf den Garben
Liegt der Kranz,
Und das junge Volk der Schnitter
Fliegt zum Tanz.
Markt und Straße werden stiller,
Um des Lichts gesellge Flamme
Sammeln sich die Hausbewohner,
Und das Stadttor schließt sich knarrend.
Schwarz bedecket
Sich die Erde,
Doch den sichern Bürger schrecket
Nicht die Nacht,
Die den Bösen gräßlich wecket,
Denn das Auge des Gesetzes wacht.

Heilge Ordnung, segenreiche
Himmelstochter, die das Gleiche
Frei und leicht und freudig bindet,
Die der Städte Bau gegründet,
Die herein von den Gefilden
Rief den ungesellgen Wilden,
Eintrat in der Menschen Hütten,
Sie gewöhnt zu sanften Sitten
Und das teuerste der Bande
Wob, den Trieb zum Vaterlande!

Tausend fleißge Hände regen,
Helfen sich in munterm Bund,
Und in feurigem Bewegen
Werden alle Kräfte kund.
Meister rührt sich und Geselle
In der Freiheit heilgem Schutz.
Jeder freut sich seiner Stelle,
Bietet dem Verächter Trutz.
Arbeit ist des Bürgers Zierde,
Segen ist der Mühe Preis,
Ehrt den König seine Würde,
Ehret uns der Hände Fleiß.

Holder Friede,
Süße Eintracht,
Weilet, weilet
Freundlich über dieser Stadt!

Möge nie der Tag erscheinen,
Wo des rauen Krieges Horden
Dieses stille Tal durchtoben,
Wo der Himmel,
Den des Abends sanfte Röte
Lieblich malt,
Von der Dörfer, von der Städte
Wildem Brande schrecklich strahlt!

Nun zerbrecht mir das Gebäude,
Seine Absicht hats erfüllt,
Dass sich Herz und Auge weide
An dem wohlgelungnen Bild.
   Schwingt den Hammer, schwingt
   Bis der Mantel springt,
Wenn die Glock soll auferstehen,
Muss die Form in Stücken gehen.

Der Meister kann die Form zerbrechen
Mit weiser Hand, zur rechten Zeit,
Doch wehe, wenn in Flammenbächen
Das glühnde Erz sich selbst befreit!
Blindwütend mit des Donners Krachen
Zersprengt es das geborstne Haus,
Und wie aus offnem Höllenrachen
Speit es Verderben zündend aus;
Wo rohe Kräfte sinnlos walten,
Da kann sich kein Gebild gestalten,
Wenn sich die Völker selbst befrein,
Da kann die Wohlfahrt nicht gedeihn.

Weh, wenn sich in dem Schoß der Städte
Der Feuerzunder still gehäuft,
Das Volk, zerreißend seine Kette,
Zur Eigenhilfe schrecklich greift!
Da zerret an der Glocke Strängen
Der Aufruhr, dass sie heulend schallt
Und, nur geweiht zu Friedensklängen,
Die Losung anstimmt zur Gewalt.

Freiheit und Gleichheit! hört man schallen,
Der ruhge Bürger greift zur Wehr,
Die Straßen füllen sich, die Hallen,

Und Würgerbanden ziehn umher,
Da werden Weiber zu Hyänen
Und treiben mit Entsetzen Scherz,
Noch zuckend, mit des Panthers Zähnen,
Zerreißen sie des Feindes Herz.
Nichts Heiliges ist mehr, es lösen
Sich alle Bande frommer Scheu,
Der Gute räumt den Platz dem Bösen,
Und alle Laster walten frei.
Gefährlich ists, den Leu zu wecken,
Verderblich ist des Tigers Zahn,
Jedoch der schrecklichste der Schrecken,
Das ist der Mensch in seinem Wahn.
Weh denen, die dem Ewigblinden
Des Lichtes Himmelsfackel leihn!
Sie strahlt ihm nicht, sie kann nur zünden
Und äschert Städt und Länder ein.

Freude hat mir Gott gegeben!
Sehet! wie ein goldner Stern
Aus der Hülse, blank und eben,
Schält sich der metallne Kern.
  Von dem Helm zum Kranz
  Spielts wie Sonnenglanz,
Auch des Wappens nette Schilder
Loben den erfahrnen Bilder.

Herein! herein!
Gesellen alle, schließt den Reihen,
Dass wir die Glocke taufend weihen,
Concordia soll ihr Name sein,
Zur Eintracht, zu herzinnigem Vereine
Versammle sie die liebende Gemeine.

Und dies sei fortan ihr Beruf,
Wozu der Meister sie erschuf!
Hoch überm niedern Erdenleben
Soll sie in blauem Himmelszelt
Die Nachbarin des Donners schweben
Und grenzen an die Sternenwelt,
Soll eine Stimme sein von oben,
Wie der Gestirne helle Schar,
Die ihren Schöpfer wandelnd loben

Und führen das bekränzte Jahr.
Nur ewigen und ernsten Dingen
Sei ihr metallner Mund geweiht,
Und stündlich mit den schnellen Schwingen
Berühr im Fluge sie die Zeit,
Dem Schicksal leihe sie die Zunge,
Selbst herzlos, ohne Mitgefühl,
Begleite sie mit ihrem Schwunge
Des Lebens wechselvolles Spiel.
Und wie der Klang im Ohr vergehet,
Der mächtig tönend ihr entschallt,
So lehre sie, dass nichts bestehet,
Dass alles Irdische verhallt.

Jetzo mit der Kraft des Stranges
Wiegt die Glock mir aus der Gruft,
Dass sie in das Reich des Klanges
Steige, in die Himmelsluft.
  Ziehet, ziehet, hebt!
  Sie bewegt sich, schwebt,
Freude dieser Stadt bedeute,
Friede sei ihr erst Geläute.

Lösungsvorschlag:
Gliederung des Aufsatzes

A. Einleitung: Vorstellung Schillers, Thema des Gedichtes

B. Hauptteil: Interpretation
   I. Inhalt und Aufbau
   II. *Die Glocke* als Gedicht der Klassik

C. Schluss: Lehre der *Glocke* in der Zeit des Vormärz

Stichwortartige Ausarbeitung des Aufsatzes

A. Einleitung

Schiller zählt neben Goethe zu den Begründern der deutschen Klassik. In dem umfangreichen *Lied von der Glocke*, das Schiller im Jahre 1800 verfasst hat, preist er die Werte des bürgerlichen Lebens und erhebt die Glocke zum Dingsymbol für die Wechselfälle des menschlichen Lebens schlechthin. Dieser enge Zusammenhang zwischen der Glocke und dem menschlichen Leben wird schon in dem Motto deutlich, das Schiller dem Lied voranstellt. Auf Deutsch lautet es: *Die Lebenden rufe ich, die Toten beklage ich, die Blitze breche ich.*

B. Hauptteil: Interpretation

I. Inhalt und Aufbau

Der Aufbau wird bestimmt durch den Wechsel von metrisch übereinstimmenden Meistersprüchen, in denen die Herstellung der Glocke beschrieben wird, und solchen Strophen, in denen das menschliche Leben zum Thema genommen wird. Meisterspruch und Liedstrophen sind jeweils thematisch aufeinander bezogen. Der Einfachheit halber werden Aufbau und Inhalt in Form einer Gegenüberstellung beschrieben.

In einem Aufsatz empfiehlt es sich, der Chronologie des Liedes zu folgen, damit der innere Zusammenhang der einzelnen Stophen deutlich wird.

1. Meisterspruch (V. 1–8)
Aufforderung des Meisters an seine Gesellen, mit der Arbeit an der Glocke zu beginnen.

(V. 9–20)
Ernste Reden sollen das Werk begleiten, Hinweis auf die Bedeutung von Herz und Verstand bei der Erschaffung eines Werkes

2. Meisterspruch (V. 21–28)
Zubereitung des Glockengemischs aus Kupfer und Zinn

(V. 29–40)
Glocke als lang währendes Zeugnis menschlicher Arbeit, sie begleitet die Wechselfälle des menschlichen Lebens.

3. Meisterspruch (V. 41–48)
Mischung beginnt zu kochen, ein späterer guter Klang ist davon abhängig, dass kein Schaum mehr darunter ist.
Thema: Frühphase des Glockengusses

(V. 49–79)
Thema: Frühphase des menschlichen Lebens

Säugling wird beim Taufgang von Glocke begleitet, Glück und Unglück erwarten ihn, von der Mutter wird er großgezogen; in der Jugend Trennung vom Elternhaus, Wanderschaft und Rückkehr ins Elternhaus, erste Liebe

4. Meisterspruch (V. 80–87)
Prüfung der Mischung mithilfe eines eingetauchten Stäbchens
Thema: Vereinigung von Kupfer und Zinn zu einer lebenslangen Bindung (Glocke)

(V. 88–146)
Thema: Vereinigung von Mann und Frau (Hochzeit)
Liebe als Voraussetzung für eine lebenslange Bindung, Aufgabe des Mannes: Erwerb des Lebensunterhaltes für sich und seine Familie, Aufgabe der Frau: Erziehung der Kinder, Mehrung des Wohlstandes, Hausarbeit, rastlose Arbeit, Zufriedenheit des Hausvaters über den Wohlstand der Familie; Einschränkung: Glück währt nicht ewig.

5. Meisterspruch (V. 147–154)
Mischung ist fertig, der Guss kann beginnen; ein Gebet wird gesprochen, die Mischung fließt in die Form hinein.
Thema: Macht des Feuers

(V. 155–226)
Thema: Macht des Feuers
Feuer mit produktiver und destruktiver Kraft, Unwetter verwüstet eine Stadt, Versuch, die Feuer zu löschen, die Werke des Menschen werden zerstört; nach dem Unwetter und der Zerstörung seiner Habe fängt der Mensch optimistisch neu an, Familie ist vollzählig.

6. Meisterspruch (V. 227–234)
Form in der *Erd* (V. 227) ist mit dem Glockenbrei gefüllt, Hoffen auf ein gutes Gelingen der Glocke und Befürchtung, der Guss könnte misslungen oder die Form zersprungen sein.
Stichwort: *Erd* (V. 227)

(V. 235–265)
Stichwort Erde (V. 235)
Erde birgt sowohl die Saat als auch die Toten, aus der Erde soll neues Leben erwachsen; Grabgeläute der Glocke; Tod der Mutter

7. Meisterspruch (V. 266–273)
Abkühlphase der Glocke bedeutet Freizeit für die Arbeiter.
Thema: Freizeit

(V. 274–333)
Thema: Freizeit, bürgerliche Idylle, bürgerliches Arbeitsethos
Bauern gehen zum Tanz, Abendstimmung in der Stadt, Sicherheit der Bürger in der Nacht, weil das Gesetz wacht und schützt. Vaterlandsliebe als wichtigste innere Einstellung zur bestehenden gesellschaftlichen Ordnung, die den Menschen zivilisiert hat; hoher Wert der Arbeit, sie zeichnet den Bürger aus. Lob des Friedens, Hoffnung, er möge nicht durch den Krieg gestört werden.

8. Meisterspruch (V. 334–341)
Aufforderung, die Lehmform zu zerschlagen und die Glocke freizulegen.
Thema: Zerschlagung der Form

(V. 342–381)
Thema: Revolution (als Zerschlagung der bisherigen gesellschaftlichen Form)

Das Zerschlagen der Form muss mit Bedacht vor sich gehen, nur der Meister kann dies leisten; wenn sich der Glockenbrei selbst befreit, entsteht Zerstörung; so ist es auch, wenn sich Völker selbst befreien und dabei Gewalt anwenden; sinnlose Zerstörung ist die Folge solcher Befreiung. Unter der Parole Freiheit und Gleichheit greifen die Bürger zu den Waffen, auf den Straßen gilt das Gesetz des Stärkeren, Frauen üben Gewalt aus. Umkehrung der Werte: Wo Gutes gewesen ist, ist nun Böses, nichts Heiliges existiert mehr; der sich allmächtig glaubende Mensch als schlimmster Schrecken.

9. Meisterspruch (V. 382–389)
Glocke wird freigelegt.
Thema: Freude

(V. 390–417)
Thema: Feier
Taufe der Glocke auf den Namen Concordia (Eintracht); Aufgabe der Glocke: Begleitung des menschlichen Schicksals vom hohen Glockenturme aus; Memento-Mori-Appell

10. Meisterspruch (V. 418–425)
Mit einem Seil wird die Glocke aus dem Erdloch, in dem ihr Guss stattgefunden hat, in die Höhe gehoben. Sie soll für den Frieden läuten.

II. *Die Glocke* als Gedicht der Klassik

Das Lied von der Glocke lässt sich aufgrund seiner Entstehungszeit der Epoche der Klassik zuordnen.

Die zum Ausdruck kommenden bürgerlichen Wertvorstellungen lassen sich teilweise aus den Postulaten der Klassik ableiten. Dieser Zusammenhang soll an sechs ausgewählten Postulaten entfaltet werden:

- der Mensch der Klassik erkennt die übergeordneten Mächte der Sittlichkeit (vgl. V. 206–210), der Kultur (vgl. V. 53 f.) und der Natur (vgl. V. 37 f.) an, ebenso die bürgerliche Rollenverteilung;
- er glaubt an die freie Selbstbestimmung, die sich bei Schiller in der Haltung zur Arbeit äußert (vgl. V. 133 ff. und V. 318–321);
- Aussöhnung mit der Gesellschaft und ihren Normen, gegen das Empörertum des Sturm und Drang (vgl. V. 290–309, V. 321–333, V. 354–381 – gegen die Französische Revolution);
- Lebensideale sind Humanität und (sittlicher) Idealismus (vgl. V. 310– 321), *Concordia* als Name der Glocke (vgl. V. 393);
- durch die Erfahrung des Todes wird dem Menschen die Macht des Schicksals bewusst, der er sich unterwerfen muss (vgl. V. 240–243, V. 250–265);
- die schöne Seele zeigt sich in der Harmonie von Neigung und Pflicht, von Gefühl und Verstand. Einen Widerschein dieses Gedankens findet man z. B. in V. 19 f.

C. Schluss

Die bürgerlichen Wertvorstellungen wie der Wert der Arbeit oder der Familie, die in dem *Lied von der Glocke* zum Ausdruck kommen, sind auch heute noch prägend für viele Menschen. In der Zeit des Vormärz konnte man verfolgen, dass diese Werte auch den Rückzug ins Private fördern können. Die Epoche des Biedermeier lässt sich geradezu als Verwirklichung der Postulate des Gedichtes ansehen, nachdem der Wiener Kongress nach 1815 die politische Restauration betrieben hatte. Die notwendige Erhebung der Bürger wird in der *Glocke* ausdrücklich abgelehnt. Andere Schriftsteller wie z. B. Büchner oder Gutzkow haben die politischen Missstände dagegen offen angeprangert und den Widerstand gefordert. Das Scheitern der 48er Revolution machte die bürgerlichen Wertvorstellungen von neuem bedeutsam.

6.5 Friedrich Schiller
Der Ring des Polykrates

Arbeitsaufgabe:
Interpretieren Sie die folgende Ballade.

Kurzbiografie
Friedrich Schiller
s. S. 78 f.

Friedrich Schiller (1759–1805)
***Der Ring des Polykrates* (1797)**

I
Er stand auf seines Daches Zinnen,
Er schaute mit vergnügten Sinnen
Auf das beherrschte Samos hin.
„Dies alles ist mir untertänig“,
Begann er zu Ägyptens König,
„Gestehe, dass ich glücklich bin.“

II
„Du hast der Götter Gunst erfahren!
Die vormals deinesgleichen waren,
Sie zwingt jetzt deines Zepters Macht.
Doch einer lebt noch, sie zu rächen,
Dich kann ein Mund nicht glücklich sprechen,
So lang des Feindes Auge wacht.“

III
Und eh der König noch geendet,
Da stellt sich, von Milet gesendet,
Ein Bote dem Tyrannen dar:
„Lass, Herr! des Opfers Düfte steigen,
Und mit des Lorbeers muntren Zweigen
Bekränze dir dein festlich Haar.

IV
Getroffen sank der Feind vom Speere,
Mich sendet mit der frohen Märe
Dein treuer Feldherr Polydor.“
Und nimmt aus einem schwarzen Becken,
Noch blutig, zu der beiden Schrecken,
Ein wohlbekanntes Haupt hervor.

V
Der König tritt zurück mit Grauen.
„Doch warn ich dich, dem Glück zu trauen“,
Versetzt er mit besorgtem Blick.
„Bedenke auf ungetreuen Wellen,
Wie leicht kann sie der Sturm zerschellen,
Schwimmt deiner Flotte zweifelnd Glück.“

VI
Und eh er noch das Wort gesprochen,
Hat ihn der Jubel unterbrochen,
Der von der Reede jauchzend schallt.
Mit fremden Schätzen reich beladen,
Kehrt zu den heimischen Gestaden
Der Schiffe mastenreicher Wald.

VII
Der königliche Gast erstaunet:
„Dein Glück ist heute gut gelaunet,
Doch fürchte seinen Unbestand.
Der Kreter waffenkund'ge Scharen
Bedrängen dich mit Kriegsgefahren:
Schon nahe sind sie diesem Strand.“

VIII
Und eh' ihm noch das Wort entfallen,
Da sieht man's von den Schiffen wallen,
Und tausend Stimmen rufen: „Sieg!
Von Feindesnot sind wir befreiet,
Die Kreter hat der Sturm zerstreuet,
Vorbei, geendet ist der Krieg!“

XI
Das hört der Gastfreund mit Entsetzen:
„Fürwahr, ich muss dich glücklich schätzen,
Doch“, spricht er, „zittr' ich für dein Heil.
Mir grauet vor der Götter Neide,
Des Lebens ungemischte Freude
Ward keinem Irdischen zuteil.

X
Auch mir ist alles wohlgeraten,
Bei allen meinen Herrschertaten,
Begleitet mich des Himmels Huld,
Doch hatt ich einen teuren Erben,
Den nahm mir Gott, ich sah ihn sterben,
Dem Glück bezahlt ich meine Schuld.

XI
Drum, willst du dich vor Leid bewahren,
So flehe zu den Unsichtbaren,
Dass sie zum Glück den Schmerz verleihn.
Noch keinen sah ich fröhlich enden,
Auf den mit immer vollen Händen
Die Götter ihre Gaben streun.

XII
Und wenn's die Götter nicht gewähren,
So acht auf eines Freundes Lehren
Und rufe selbst das Unglück her,
Und was von allen deinen Schätzen
Dein Herz am höchsten mag ergötzen,
Das nimm und wirf's in dieses Meer!"

XIII
Und jener spricht, von Furcht beweget:
„Von allem, was die Insel heget,
Ist dieser Ring mein höchstes Gut.
Ihn will ich den Erinnen weihen,
Ob sie mein Glück mir dann verzeihen."
Und wirft das Kleinod in die Flut.

XIV
Und bei des nächsten Morgens Lichte,
Da tritt mit fröhlichem Gesichte
Ein Fischer vor den Fürsten hin:
„Herr, diesen Fisch hab ich gefangen,
Wie keiner noch ins Netz gegangen,
Dir zum Geschenke bring ich ihn."

XV
Und als der Koch den Fisch zerteilet,
Kommt er bestürzt herbeigeeilet
Und ruft mit hocherstauntem Blick:
„Sieh, Herr, den Ring, den du getragen,
Ihn fand ich in des Fisches Magen,
O, ohne Grenzen ist dein Glück!“

XVI
Hier wendet sich der Gast mit Grausen:
„So kann ich ferner hier nicht hausen,
Mein Freund kannst du nicht weiter sein,
Die Götter wollen dein Verderben,
Fort eil ich, nicht mit dir zu sterben.“
Und sprach's und schiffte schnell sich ein.

Lösungsvorschlag:
Gliederung des Aufsatzes

A. Einleitung: Titel, Thema, Quelle der Ballade

B. Hauptteil: Interpretation
- I. Inhalt und Aufbau
  1. Inhalt
  2. Aufbau

- II. Sprachliche Mitel
- III. Aussage

C. Schluss: Aktuelle Bedeutung

Stichwortartige Ausarbeitung des Aufsatzes

A. Einleitung

Schillers Quelle ist die Polykrates-Überlieferung des griechischen Geschichtsschreibers Herodot: Polykrates ist im 6. Jh. v. Chr. Alleinherrscher über Samos, seine politischen Unternehmungen sind überaus erfolgreich. Die Erfolge des Polykrates veranlassen seinen Freund, den ägyptischen König Amasis, ihn in einem Brief auf die Gefahr hinzuweisen, die Götter könnten neidisch auf sein Glück werden. Er empfiehlt ihm, etwas gegen sein Glück zu tun und sich von dem zu trennen, was ihm am liebsten ist.

Der Ring, den Polykrates daraufhin ins Meer wirft, wird nach einer Woche in einem Fisch gefunden, der dem König von einem Fischer zum Geschenk gemacht wird. Als Amasis davon erfährt, löst er den Freundschaftsbund, damit er bei der hereinbrechenden göttlichen Strafe nicht über ihn trauern muss. Schiller hat in seiner Ballade *Der Ring des Polykrates* das Geschehen auf zwei Tage gekürzt und auf eine persönliche Begegnung der beiden Könige konzentriert.

B. Hauptteil: Interpretation

I. Inhalt und Aufbau

1. Inhalt

Polykrates betrachtet seinen Machtbereich und fordert den ägyptischen König, gemeint ist Amasis, auf, sein Glück anzuerkennen. Dieser aber warnt ihn vor einem möglichen Rächer der von Polykrates Entmachteten. Der Kopf des getöteten Rächers wird kurz darauf als Entkräftung der Warnung herbeigebracht. Die zweite Warnung des Amasis bezieht sich auf die Gefahren, denen die königliche Flotte auf dem Meer ausgesetzt ist. Die Flotte läuft sofort nach dem Aussprechen der Warnung reich beladen in den Hafen ein. Die dritte Warnung beinhaltet die kriegerische Bedrohung durch die Kreter. Doch auch diese Warnung erweist sich als unbegründet, da die Kreter kurz darauf besiegt werden. Amasis nimmt die dreimalige Widerlegung seiner Warnungen zum Anlass, Polykrates von seinem eigenen Schicksal zu erzählen. Auch ihm seien alle Unternehmungen geglückt, doch dann hätten die Götter einen Tribut in Gestalt seines Sohnes dafür gefordert. Wen die Götter derart begünstigten, der müsse mit einem schrecklichen Ende rechnen. Polykrates solle sich daher von dem trennen, was ihm am liebsten sei. Der Ring, den der Angesprochene daraufhin ins Meer wirft, wird am nächsten Tage in dem Fisch gefunden, der dem König zum Geschenk gemacht wird. Amasis verlässt den König von Samos mit der Bemerkung, dass die Götter den Untergang des Polykrates beschlossen hätten.

2. Aufbau

Voraussetzung	Glück des Polykrates (Strophe I)
1. Warnung	möglicher Rächer
1. Gegenbeweis	Rächer wird besiegt (Strophe II–IV)
2. Warnung	Gefahren des Meeres
2. Gegenbeweis	Schiffe kehren reich beladen zurück (Strophe V und VI)
3. Warnung	Kriegsgefahren

3. Gegenbeweis	siegreiche Armee (Strophe VII und VIII)
4. Warnung	kein Glück währt ewig, Aufforderung an Polykrates, ein freiwilliges Opfer zu leisten, er wirft den Ring ins Meer (Strophe IX bis XIII)
Ergebnis	Ring findet sich im Fisch, Gastfreund verlässt Polykrates (Strophe XIV–XVI)

II. Sprachliche Mittel

Es lassen sich die folgenden sprachlichen Mittel feststellen:

- 16 Strophen zu jeweils sechs Versen, jambischer Vierheber als bestimmendes Versmaß, weibliche und männliche Kadenzen, unreine Reime (z. B. *untertänig/König*, V. 4 f.), Reimschema: Schweifreim, dadurch: Zweiteilung der Strophen, rhythmisches bzw. gedankliches Innehalten nach drittem Vers;
- *Ring* als Symbol für das Glück des Polykrates;
- direkte Rede: z. B. V. 4, V. 6, Strophe 2, steht im Dienste der Spannungssteigerung (Ballade als poetische Gestaltung eines spannenden Ereignisses);
- Anaphern: z. B. V. 1 f. (mit parallel strukturierter Syntax), V. 69 f. und Alliterationen: z. B. *Herrschertaten/Himmels Huld* (V. 56 f.), Verbindung von inhaltlich Zusammengehörendem;
- Synekdoche: *Dich kann ein Mund nicht glücklich sprechen* (V. 11), der engere Begriff *Mund* steht für den weiteren Begriff *die Menschen*;
- positive Ausdrücke, die das Glück des Polykrates unterstreichen: z. B. *mit vergnügten Sinnen* (V. 2), *mit des Lorbeers muntren Zweigen* (V. 17), *festlich Haar* (V. 18).

III. Aussage und C. Schluss

Leid untrennbar zum menschlichen Leben gehörend. Diese Erkenntnis mag auf den ersten Blick befremdlich anmuten, weil es das ausgesprochene Ziel des Menschen ist, glücklich zu sein und leidvolle Situationen zu vermeiden. Dabei kann Leiderfahrung auch immer gleichzeitig einen Reifungsprozess anstoßen, der den Menschen das Glück umso nachhaltiger erfahren lässt. Mögliche Aktualisierung: Auch in unserer modernen Welt, in der alle Mittel aufgewendet werden, um das Leid des Menschen zu reduzieren, wo der Konsum immer neuer Produkte Sinnerfahrung stiftet und angeblich negative Leiderfahrung ausschaltet, wo zum Leben gehörende Phänomene wie der Tod aus dem öffentlichen Bewusstsein ausgeblendet werden, erscheint es nötig, an den Wert von Leiderfahrung zu erinnern. Erlebt der Mensch immer nur Glücksmomente, so wird er bei der

Bewältigung erster Schwierigkeiten Gefahr laufen zu scheitern. Das ist damit gemeint, wenn Amasis davon spricht, dass die Götter das Verderben des vom Glück begünstigten Menschen planen. An Leiderfahrung wächst der Mensch, das Bewusstsein seiner eigenen Unvollkommenheit lässt ihn auch mit einem veränderten Bewusstsein auf seine Mitmenschen zugehen: In der Sympathie, im *Mitleid*, kann sich wahre Humanität entfalten.

6.6 Matthias Claudius *Der Tod* Rudolf Alexander Schröder *Zum Totensonntag*

Info

Rudolf Alexander Schröder wird 1878 in Bremen geboren. In seinen Werken setzt er sich mit der Tradition der christlich-abendländischen Kultur auseinander und legt die besondere Betonung auf die Bedeutung christlichen Gedankenguts. 1933 wird er Mitglied der Bekennenden Kirche. Schröder stirbt 1962 in Bad Wiessee.

Arbeitsaufgabe:

Erarbeiten Sie eine vergleichende Interpretation der beiden Gedichte und stellen Sie dabei insbesondere die unterschiedliche Auseinandersetzung der Dichter mit ihrem Thema heraus.

Rudolf Alexander Schröder (1878–1962)
Zum Totensonntag (1939)

Alles Leben führt zum Tod,
Kannst es leicht betrachten:
Morgenrot bringt Abendrot,
Und was tagt, muss nachten.

Alles Leben führt zum Tod,
Hab Geduld: es endet.
Also grimm ist keine Not,
Die der Tod nicht wendet.

Lass die Toten denn im Tod
Grab an Grab verwesen,
Du, ob Tod und Todes Not,
Weil du's weißt, erlesen.

Weißt, an dir ist keiner Not
Fürder Macht gegeben:
All dein Leben führt zum Tod,
All dein Tod zum Leben.

info

Kurzbiografie Matthias Claudius s. S. 51

Matthias Claudius (1740–1815)
Der Tod **(1798)**

Ach, es ist so dunkel in des Todes Kammer,
Tönt so traurig, wenn er sich bewegt
Und nun aufhebt seinen schweren Hammer
  Und die Stunde schlägt.

Lösungsvorschlag:
Gliederung des Aufsatzes

A. Einleitung: Gemeinsames Thema der Gedichte, Vorstellung der Dichter

B. Hauptteil: Interpretation
  I. Rudolf Alexander Schröder *Zum Totensonntag*
    1. Inhalt
    2. Formale und sprachliche Gestaltung
    3. Aussage

  II. Matthias Claudius *Der Tod*
    1. Inhalt
    2. Formale und sprachliche Gestaltung
    3. Aussage

C. Schluss: Zusammenfassender Vergleich

Vgl. zu alternativen Vorgehensweisen bei der vergleichenden Gedichtinterpretation auch S. 8 f.

Stichwortartige Ausarbeitung des Aufsatzes

A. Einleitung

Rudolf Alexander Schröder wie auch Matthias Claudius betonen in ihren Werken christliche Wertvorstellungen. In den vorliegenden Gedichten, Schröders *Zum Totensonntag* und Claudius' *Der Tod*, setzen sich beide mit dem Tod in unterschiedlicher Weise auseinander.

B. Hauptteil: Interpretation

I. Rudolf Alexander Schröder *Zum Totensonntag*

1. Inhalt

Alles, was lebt, muss sterben, so wie es Nacht und Tag wird. Aufforderung zur Geduld, jede Not endet spätestens mit dem Tod. Aufforderung, man solle die Toten ruhen lassen, i. S. von keinen Gedanken an sie wenden; der Leser sei über den Tod erhaben (*erlesen* als *ausgesucht, auswählen*). In Strophe 4 folgt die Begründung dieser Behauptung: In der Gewissheit, dass mit dem Tod das (ewige) Leben beginnt, kann keine Not dem Glaubenden etwas anhaben.

2. Formale und sprachliche Gestaltung

Es lassen sich die folgenden sprachlichen und formalen Mittel feststellen:

- vier trochäische Vierzeiler, mit vier bzw. drei Hebungen, Kreuzreim mit abwechselnd weiblichen und männlichen Kadenzen;
- Wiederholung: *Tod* (V. 1, 5, 8 f., 11, 15 f.) dreimal als Endreim auf *Not* (V. 5 und 7, V. 9 und 11, V. 13 und 15) als Hinweis auf die Zusammengehörigkeit von Not und Tod (*Todes Not*, V. 11); o als dominierender Vokal (*Morgenrot, Abendrot*), erzeugt dunkle Stimmung;
- substantivische Sprache, keine Adjektive: sachliche Sprache, evtl. als Hinweis auf die religiöse Gewissheit, dass der Tod nur das irdische Leben beendet;
- Metapher: V. 9 f., Grauen hervorrufendes Bild als Kontrast zur christlichen Hoffnung;
- Chiasmus: V. 15 f., Ergebnis der Überlegungen, erhöhte Merkbarkeit durch chiastische Syntax;
- Vergleich: V. 3 f., Tod als natürlicher Vorgang;
- Neologismus: *nachten* (V. 4);
- Inversion: V. 11 f., Betonung auf *erlesen* (V. 12) und der religiösen Überzeugung des Sprechers.

3. Aussage

Der Mensch sieht sich mit dem Problem des Todes konfrontiert in der Tatsache, dass jeder Lebenstag, gar jede Lebensminute ihn dem Tod unweigerlich näher bringt. Dass dieser Tod zum Leben, zum ewigen Leben, führen soll, das ist die christliche Grundüberzeugung, die hinter dem Paradoxon in V. 16 steht. Christen lösen das Paradoxon mit tröstender Wirkung auf, für den Nichtgläubigen bleibt das Paradoxon ohne Trost bestehen.

II. Matthias Claudius *Der Tod*

1. Inhalt

Dunkelheit bestimmt die Kammer des Todes, Trauer seine Bewegungen, wenn er mit dem Hammer die Stunde schlägt, die das Ende eines menschlichen Lebens bedeutet.

2. Formale und sprachliche Gestaltung

Es lassen sich die folgenden sprachlichen und formalen Mittel feststellen:

- trochäischer Vierzeiler, mit sechs, fünf, fünf und drei Hebungen, Kreuzreim, unreiner Reim in V. 2 und 4: schwerfälliger Trochäus als Ausdruck der Trauer, der Bedrückung angesichts des Todes;
- Interjektion: *Ach* (V. 1), gefolgt von einem einzigen Satz als Ausdruck der Resignation;
- *a-, o-, u-*Assonanzen unterstützen die Schwermut;
- Symbole: dunkle Kammer (vgl. V. 1) als Ausdruck der Unentrinnbarkeit, das Schlagen der Stunde (vgl. V. 4) als Todesstunde.

3. Aussage

Der Tod ist unerbittlich, ihm kann man nicht entrinnen. Im Symbol der dunklen Kammer wird die Unentrinnbarkeit und die Unheimlichkeit der Todesstunde besonders deutlich. Claudius bemüht sich nicht, eine Sinndeutung des Todes vorzunehmen.

C. Schluss

Der Tod ist das gemeinsame Thema beider Gedichte. Unterschiede in der Behandlung finden sich z. B. in der Sprache: So ist Schröders Gedicht sachlich formuliert, die religiöse Gewissheit kommt in der fehlenden Aufgeregtheit zum Ausdruck; bei Claudius spüren wir die Schwermut und die Trauer auch im schwerfälligen trochäischen Metrum. Dieser formalen Beobachtung schließt sich die inhaltliche an: Schröder gibt dem Leser die Hoffnung auf ein Leben nach dem Tod, Claudius hat nur Resignation und Schmerz und Hoffungslosigkeit dagegenzusetzen.

7. Romantik (1795–1835)

Inhaltliche Merkmale Dichtung zusammen mit Malerei und Musik als Teil progressiver *Universalpoesie* (Schlegel); Weg in das Innere des Menschen (Themen: Sehnsucht, Traum, Sinnlichkeit, Kindheit, auch Unterwegssein); Sehnsucht nach enger Verbindung mit der Natur; Wiederentdeckung der Tradition in Märchen und Volksbüchern – Verherrlichung des Mittelalters (als letzte Universalkultur); *Romantische Ironie* als Ausdruck des Widerspruchs zwischen Erstrebtem und Realem
Hauptvertreter und Werke Joseph von Eichendorff (1788–1857): Gedichte; E. T. A. Hoffmann (1776–1822): *Die Elixiere des Teufels*; Ludwig Tieck (1773–1853): *Des Lebens Überfluss*; Novalis (1772–1801): *Heinrich von Ofterdingen*; Clemens Brentano (1778–1842) und Achim von Arnim (1781–1831): *Des Knaben Wunderhorn*; Adelbert von Chamisso (1781–1838): *Peter Schlemihls wundersame Geschichte*
Formale Merkmale Volkslied; Lyrik (Sehnsucht nach enger Verbindung mit der Natur); Fragment; Kriminalgeschichte; Leitmotiv

7.1 Joseph von Eichendorff
Mondnacht

Arbeitsaufgabe:

Interpretieren Sie das folgende Gedicht, indem sie insbesondere die Bezüge zu Bildern und Themen der Romantik herausarbeiten.

Info

Joseph Freiherr von Eichendorff wird 1788 auf Schloss Lubowitz in Oberschlesien geboren. Nach dem Jura-Studium tritt er in den preußischen Staatsdienst ein. Zwischen 1816 und 1857 lebt er in Berlin, Breslau, Königsberg und Neiße, wo er 1857 stirbt. Zu seinen bekanntesten Werken zählen *Das Marmorbild* (1819), *Aus dem Leben eines Taugnichts* (1826) *und Schloss Dürande* (1837).

Joseph von Eichendorff (1788–1857)
***Mondnacht* (1837)**

Es war, als hätt der Himmel
Die Erde still geküsst,
Dass sie im Blütenschimmer
Von ihm nun träumen müsst.

Die Luft ging durch die Felder,
Die Ähren wogten sacht,
Es rauschten leis die Wälder,
So sternklar war die Nacht.

Und meine Seele spannte
Weit ihre Flügel aus,
Flog durch die stillen Lande,
Als flöge sie nach Haus.

Lösungsvorschlag: Gliederung des Aufsatzes

A. Einleitung: Kunst der Romantik, Thema des Gedichtes

B. Hauptteil: Interpretation
- I. Inhalt und Aussage
  1. Inhalt
  2. Aussage
- II. Bezüge zur Romantik

C. Schluss: Aktualitätsbezug

Stichwortartige Ausarbeitung des Aufsatzes

A. Einleitung

Das Programm der Romantik lässt sich stichwortartig auf *Poetisierung der Welt* reduzieren. Auf Gemälden von Malern der Romantik, wie z. B. William Turner, Carl Rottmann oder Carl Philip Fohr, ist diese schwärmerische Verklärung der Wirklichkeit deutlich zu erkennen. In dem Gedicht *Mondnacht* von Joseph von Eichendorff wird mit Worten ein schwärmerischer Eindruck der Natur, wie sie dem lyrischen Ich in einer Mondnacht erscheint, gezeichnet.

B. Hauptteil: Interpretation

I. Inhalt und Aussage

1. Inhalt

1. Strophe: Dem lyrischen Ich erscheint es so (Traum), als hätte der Himmel die Erde geküsst; Folge: Erde träumt von ihm.

2. Strophe: Wind weht durch Felder und Wälder, die Nacht ist sternklar (Realität).

3. Strophe: Seele des lyrischen Ichs erhebt sich zum Flug durch die Nacht (Vorgänge im Innern des Menschen).

2. Aussage

Die Natur-Erfahrungen in einer Mondnacht erwecken im lyrischen Ich die Sehnsucht, seiner seelischen Heimat näherzukommen; Ausdruck der Sehnsucht nach Überwindung aller Gegensätze, mündend in einer Hinwendung zu Gott (*Seele*); erkennbar an den Rahmenversen V. 1 und V. 12 (Alliteration: *Himmel* und *Haus*).

II. Bezüge zur Romantik

Es lassen sich die folgenden Bezüge feststellen:

- Struktur des Gedichtes: Erzählbewegung von Himmel/Erde über Feld/Wald ins Innere des Menschen, dessen Seele wiederum die Weite wie in der 1. Strophe sucht: romantischer Entgrenzungsversuch;
- Naturerlebnis aus Traum und Realität;
- zentrale Bilder: Kuss von *Himmel* und *Erde* (1. Strophe), *Flügel* der *Seele* (3. Strophe, religiöser Begriff), *nach Haus* (V. 12) als Ziel romantischer Sehnsucht;
- einfaches, romantisches Vokabular, das nicht genau begrifflich bestimmt ist, sondern durch seine Assoziationskraft wirkt: *Blütenschimmer* (V. 3), *sternklar* (V. 8);
- Konjunktiv zur Darstellung der Traumwelt, die in der 1. Strophe mithilfe eines hypotaktisch konstruierten Satzes realisiert wird; 2. Strophe dagegen mit Parataxe für Realitätsdarstellung.

C. Schluss

Romantisches Menschenbild: Mensch als Suchender, als Wanderer zwischen Traum und Realität, getrieben vom Heimweh nach dem verlorenen Ursprung (*nach Haus*) und der Sehnsucht nach einem zukünftigen Ziel; Entgrenzungsversuche im 20. Jahrhundert auf wissenschaftlichem Gebiet, gleichzeitig findet in Zeiten wirtschaftlicher Krisen auch eine Besinnung auf religiöse Werte statt. Insofern ist das Menschenbild, das in dem Gedicht gezeichnet wird, auch heute noch aktuell.

Info
Kurzbiografie Joseph Freiherr von Eichendorff s. S. 106

7.2 Joseph von Eichendorff
Der Dichter

Arbeitsaufgabe:
Erarbeiten Sie den Inhalt des Gedichtes. Welche sprachlichen Mittel unterstützen seine Aussage?

Joseph von Eichendorff (1788–1857)
***Ihm ist's verliehn …* (zw. 1808 und 1810)**

Ihm ist's verliehn, aus den verworr'nen Tagen,
Die um die andern sich wie Kerker dichten,
Zum blauen Himmel sich emporzurichten,
In Freudigkeit: Hier bin ich, Herr! zu sagen.

Das Leben hat zum Ritter ihn geschlagen,
Er soll der Schönheit neid'sche Kerker lichten;
Dass nicht sich alle götterlos vernichten,
Soll er die Götter zu beschwören wagen.

Tritt erst die Lieb' auf seine blühnden Hügel,
Fühlt er die reichen Kränze in den Haaren,
Mit Morgenrot muss sich die Erde schmücken;

Süßschauernd dehnt der Geist die großen Flügel,
Es glänzt das Meer – die mut'gen Schiffe fahren,
Da ist nichts mehr, was ihm nicht sollte glücken!

Lösungsvorschlag:
Gliederung des Aufsatzes

A. Einleitung: Eichendorff als Dichter der Romantik, Thema des Gedichtes

B. Hauptteil: Interpretation
- I. Inhalt und Aussage
  1. Inhalt
  2. Aussage
- II. Sprachliche Gestaltung

C. Schluss: Zusammenfassende Interpretation und Stellungnahme

Stichwortartige Ausarbeitung des Aufsatzes

A. Einleitung

Die schwärmerische Beschreibung von Natur, Schönheit und Liebe ist ein wesentliches Kennzeichen der literarischen Epoche der Romantik. Einer ihrer wichtigsten Dichter ist Joseph von Eichendorff. In seinem Sonett *Der Dichter* unternimmt er den Versuch, eine Wesensbeschreibung des Dichters, der sich solcher Themen annimmt, zu geben.

B. Hauptteil: Interpretation

I. Inhalt und Aussage

1. Inhalt

1. Quartett: Dichter erhebt sich über Alltagsprobleme (Distanz) und ist optimistisch, wenn anderen Menschen die Schwierigkeiten und die Unübersichtlichkeit des Alltags über den Kopf wachsen;

2. Quartett: Dichter als Held, der die Schönheit preist und Menschen an die Existenz der Götter erinnert;

1. Terzett: Liebe als Thema, das den Dichter in besonderem Maße auszeichnet;

2. Terzett: Liebe als Thema, das dem dichterischen Werk die Weite der Fantasie öffnet; sie garantiert das Gelingen seiner Werke.

2. Aussage

Das lyrische Ich definiert mit Schönheit und Liebe die wichtigsten Themen des Dichters und sieht seine Funktion darin, Mut zuzusprechen und eine optimistische Einstellung zu vertreten. Dabei unterstreicht es die Bedeutung der Liebe, was sowohl als Thema des Werkes als auch als Liebe zum Werk zu verstehen ist, die essenziell für dichterisches Schaffen ist.

II. Sprachliche Gestaltung

Es lassen sich die folgenden sprachlichen und formalen Mittel feststellen:

- Sonett mit umarmenden Reimen, fünfhebiger Jambus, weibliche Endungen: ästhetischer Anspruch auch in der Form; Quartette als Vorbereitung auf das Fazit/den Höhepunkt in den Terzetten; Bedeutung von Liebe, die Mut bewirkt, wird dadurch unterstrichen;
- feierliche Sprache, Inversionen: *Er soll der Schönheit neid'sche Kerker lichten* (V. 6), festliche Form für Lob des Dichters;
- Personifikationen: z. B. *Das Leben hat zum Ritter ihn geschlagen* (V. 5, weitere Beispiele V. 9, V. 11, V. 12), Berufung des Dichters unterstrichen;

- Metaphern: *der Schönheit neid'sche Kerker* (V. 6) als anschaulicher Ausdruck für das, was die Entfaltung von Schönheit hemmt; *der Geist* (V. 12) und *mut'ge Schiffe* (V. 13) als Metaphern für die furchtlose und weitreichende dichterische Vorstellungskraft;
- Vergleich: *wie Kerker* (V. 2) als anschaulicher Ausdruck für das, was die Entfaltung von Schönheit hemmt;
- Alliterationen: V. 1 mit Kontrastwirkung;
- Assonanzen: *ü*-Assonanz in V. 9–11, Verbindung positiver Begriffe, die die dichterische Fantasie und Kreativität metaphorisch repräsentieren;
- Ausruf: V. 14, abschließendes Lob des Dichters.

C. Schluss:

Überaus positive Darstellung von Aufgabe und Wirkungsmöglichkeit des Dichters; verständlich auf der Grundlage der romantischen Poetologie; im 20. Jahrhundert Zweifel an der Wirksamkeit von Lyrik bzw. von Literatur überhaupt (vgl. z. B. Kaschnitz *Nicht gesagt*).

7.3 Joseph von Eichendorff *Stimmen der Nacht* Ingeborg Bachmann *Entfremdung*

Arbeitsaufgabe:

Verfassen Sie eine Inhaltsangabe der beiden Gedichte und zeigen Sie, wie die formale und sprachliche Gestaltung die jeweilige Aussage unterstützt. Vergleichen Sie die Naturerfahrung des lyrischen Ichs in beiden Gedichten miteinander.

info

Kurzbiografie Joseph Freiherr von Eichendorff s. S. 106

Joseph von Eichendorff (1788–1857)
***Stimmen der Nacht* (1840)**

Weit tiefe, bleiche, stille Felder –
O wie mich das freut,
Über alle, alle Täler, Wälder
Die prächtige Einsamkeit!

Aus der Stadt nur schlagen die Glocken
Über die Wipfel herein,
Ein Reh hebt den Kopf erschrocken
Und schlummert gleich wieder ein.

Der Wald aber rühret die Wipfel
Im Schlaf von der Felsenwand,
Denn der Herr geht über die Gipfel
Und segnet das stille Land.

Ingeborg Bachmann (1926–1973)
***Entfremdung* (entst. zw. 1948 und 1953)**

In den Bäumen kann ich keine Bäume mehr sehen.
Die Äste haben nicht die Blätter, die sie in den Wind halten.
Die Früchte sind süß, aber ohne Liebe.
Sie sättigen nicht einmal.
Was soll nur werden?
Vor meinen Augen flieht der Wald,
vor meinem Ohr schließen die Vögel den Mund,
für mich wird keine Wiese zum Bett.
Ich bin satt vor der Zeit und hungre nach ihr.
Was soll nur werden?

Auf den Bergen werden nachts die Feuer brennen.
Soll ich mich aufmachen, mich allem wieder nähern?

Ich kann in keinem Weg mehr einen Weg sehen.

Info

Im Jahre 1926 in Klagenfurt geboren, studiert Ingeborg Bachmann Jura und Philosophie in Graz, Innsbruck und Wien. Nach einer kurzen Tätigkeit als Redakteurin lebt sie dann als freie Schriftstellerin in Wien, Rom, München und Zürich. Sie stirbt 1973 in Rom. Die Gefühle von Angst und Einsamkeit sind motivische Konstanten ihrer Dichtung. Ihre bekanntesten Werke sind das Hörspiel *Der gute Gott von Manhattan* (1958) und die Erzählbände *Das dreißigste Jahr* (1961) und *Malina* (1971).

Lösungsvorschlag: Gliederung des Aufsatzes

A. Einleitung: Gemeinsames Thema der beiden Gedichte

B. Hauptteil: Vergleichende Interpretation
- I. *Stimmen der Nacht*
  1. Inhalt und Aussage
  2. Sprachliche Mittel
- II. *Entfremdung*
  1. Inhalt und Aussage
  2. Sprachliche Mittel

C. Schluss: Modernität durch Zusammenschau der Gegensätze

Vgl. zu alternativen Vorgehensweisen bei der vergleichenden Gedichtinterpretation auch S. 8 f.

Stichwortartige Ausarbeitung des Aufsatzes

A. Einleitung

Zwei Gedichte aus verschiedenen Epochen: Eichendorffs *Stimmen der Nacht* aus der Romantik, aus dem 20. Jahrhundert stammt Bachmanns *Entfremdung*; gemeinsames Thema der beiden Gedichte ist die Naturerfahrung des lyrischen Ichs. Beide Dichter bearbeiten das Thema in unterschiedlicher Weise.

B. Hauptteil: Vergleichende Interpretation

I. *Stimmen der Nacht*

1. Inhalt und Aussage

Gliederung in drei Strophen zu jeweils vier Versen:

1. Strophe: Ausdruck der Freude des lyrischen Ichs über die Stille und Einsamkeit von Feldern, Tälern und Wäldern;

2. Strophe: Konzentration der Aufmerksamkeit auf eine Störung des Idylls; der Klang von Glocken schreckt ein Reh aus dem Schlaf auf, nach einem kurzen Moment schläft es wieder ein;

3. Strophe: Erweiterung des Blickwinkels durch eine religiöse Komponente; Vorstellung einer metaphysischen Beseelung der Natur. Aussage: Nächtliche Stimmung in der Natur nutzt das lyrische Ich zur Selbsterfahrung; Empfindung von Eins-Sein mit der stillen Natur und Vertrauen auf die Geborgenheit in einem segnenden Gott.

2. Sprachliche Mittel

Es lassen sich die folgenden sprachlichen und formalen Mittel feststellen:

- Kreuzreime und wechselndes Metrum: Trochäus und Daktylus, auch unterschiedliche Zahl der Hebungen in der ersten Strophe (4, 3, 5, 3), in der dritten Strophe gleiche Hebungszahl (3), gebundene Sprache: Metrische Unruhe der ersten Strophe wird bis zur dritten Strophe (hier Erfahrung der metaphysischen Geborgenheit) beruhigt; Einfachheit der formalen Gestaltung als Ausdruck der (intendierten) Harmonie;
- *i*-Assonanzen in der 1. Strophe: helle Vokale signalisieren Freude;
- *u*- und *o*-Assonanzen in der 2. Strophe: dunkle Vokale zum Ausdruck der Störung;
- Wortwiederholungen: *alle* (V. 3), *stille* (V. 1, V. 12), Betonung der Weite bzw. der Ruhe;
- Interjektion *O* (V. 2) als unmittelbarer Gefühlsausdruck;

- romantisches Vokabular: *weit* (V. 1), *bleiche* (V. 1), *stille* (V. 1), *Wälder* (V. 3), *Felder* (V. 1), *Einsamkeit* (V. 4 und öfter).

II. ***Entfremdung***

1. **Inhalt und Aussage**

Das lyrische Ich drückt in drei unterschiedlich langen Teilen sein gestörtes Verhältnis zur Natur aus.

Teil 1 (V. 1–10): Bäume und Blätter erscheinen dem lyrischen Ich nicht mehr als das, was sie sind; es vermisst die Sättigungskraft der Früchte und auch deren Liebe; der Zugang zum Wald und auch zum Gesang der Vögel erscheint ihm verschlossen; die Wiese wird nicht mehr als einladende Ruhestätte gesehen; das lyrische Ich beklagt, dass es zu früh *satt* (V. 9) geworden sei; zweimal fragt es, was nun werden solle.

Teil 2 (V. 11 f.): Nächtliche Feuer auf den Bergen sind Anlass zur Frage, ob es sich der Natur wieder nähern solle.

Teil 3 (V. 13): Bekenntnis der Resignation, kein Weg erscheint dem lyrischen Ich als gangbar.

Aussage: Das lyrische Ich überwindet seine Einsamkeit nicht in der Natur. Es verspürt den Wunsch nach einem Aufhören rationalisierender Wirklichkeitserfahrungen, und es stellt sich die Frage, ob es einen neuen Versuch zur Annäherung an die Natur wagen solle. Das Individuum, das sich um eine intellektuelle Auseinandersetzung mit der Natur bemüht, verliert die Fähigkeit, sich gewissermaßen naiv der Naturerfahrung zu öffnen, weil es ständigem Erklärungszwang ausgesetzt ist. Daher kann auf logischem Wege auch kein Weg zu einer erneuten Annäherung gefunden werden.

2. **Sprachliche Mittel**

Die Auflösung der Einheit zwischen Natur und lyrischem Ich und seine Verzweiflung spiegeln sich auch in der Sprache wider:

- freie Rhythmen, unterschiedliche Hebungszahl, unterschiedliche Strophenlänge, Verzicht auf eine klare metrische Struktur;
- Wiederholung: *Was soll nur werden?* (V. 5, V. 10), unbeantwortete Frage als Ausdruck tiefer Verzweiflung;
- Paradoxon: z. B. V. 1 f. als Ausdruck der Beziehungsstörung;
- Kontrast/Paradoxon: *Ich bin satt vor der Zeit und hungre nach ihr* (V. 9), Hinweis auf Unerfülltheit;
- Parallelismen und Anaphern: z. B. gleiche Satzstruktur in V. 2 f. und 6 f., unterstützt die Wirkung der Aufzählung und damit den Eindruck der Entfremdung.

III. Vergleich der Naturerfahrungen

Eichendorffs lyrisches Ich ist über die Erfahrung von Einsamkeit nicht unglücklich; es nutzt diese Erfahrung zur Vergewisserung seiner Einheit mit der Natur und seiner Geborgenheit in Gott. Bachmanns lyrisches Ich kann seine Einsamkeit auch in der Natur nicht aufheben, es ist nicht imstande, die Entfremdung zu überwinden, auch wenn in der Frage in V. 12 für einen Moment eine Aufhebung der Entfremdung möglich zu sein scheint; am Ende resigniert das lyrische Ich.

C. Schluss

Welches Gedicht ist aktueller? Der ungenügsame Mensch, der sich mit einfachen Antworten nicht zufriedengibt und so ständig Entfremdung erleben muss, ist ein Bild des kritischen, nach Erkenntnis strebenden Menschen in Naturwissenschaft und Technik. Erfüllung finden viele heute in der Natur, aber nicht mehr durch Versenkung in ihre göttliche Beseeltheit, sondern eher in sportlicher Aktivität. Eine Mystifizierung der Natur findet auch heute dort statt, wo sie als absoluter Wert gesetzt wird, wo sie gewissermaßen heilig gesprochen wird.

Info

Clemens Brentano wird1778 in Ehrenbreitstein geboren. Nach einer Kaufmannslehre studiert er in Halle und Jena Kameralwissenschaft und Medizin. Eine berufliche Tätigkeit gibt er bald auf und lebt vom Familienvermögen. Von 1803–1806 ist er mit der Schriftstellerin Sophie Mereau verheiratet, nach deren Tod für eine kurze Zeit mit Auguste Bußmann. 1814 wendet er sich wieder dem Katholizismus zu. In den darauffolgenden Jahren lebt er in Berlin, Bonn, Frankfurt, Koblenz, München. In Aschaffenburg stirbt er 1842. Sein berühmtestes Werk ist die Volksliedersammlung *Des Knaben Wunderhorn* (1806), die er zusammen mit Achim von Arnim herausgegeben hat.

7.4 Clemens Brentano
Der Spinnerin Nachtlied

Arbeitsaufgabe:

Geben Sie den Inhalt des Gedichtes wieder und untersuchen Sie seine formale und sprachliche Gestaltung. Beurteilen Sie, wie die dargestellte Person mit ihrer Situation umgeht.

Clemens Brentano (1778–1842)
***Der Spinnerin Nachtlied* (1802)**

Es sang vor langen Jahren
Wohl auch die Nachtigall,
Das war wohl süßer Schall,
Da wir zusammen waren.

Ich sing, und kann nicht weinen
Und spinne so allein
Den Faden, klar und rein,
Solang der Mond wird scheinen.

Da wir zusammen waren,
Da sang die Nachtigall,
Nun mahnet mich ihr Schall,
Dass du von mir gefahren.

Sooft der Mond mag scheinen,
Gedenk' ich dein allein,
Mein Herz ist klar und rein,
Gott wolle uns vereinen!

Seit du von mir gefahren,
Singt stets die Nachtigall,
Ich denk' bei ihrem Schall,
Wie wir zusammen waren.

Gott wolle uns vereinen,
Hier spinn' ich so allein,
Der Mond scheint klar und rein,
Ich sing' und möchte weinen!

Lösungsvorschlag: Gliederung des Aufsatzes

A. Einleitung: Vorstellung des Dichters, Thema des Gedichtes

B. Hauptteil: Interpretation
- I. Inhalt und Aussage
- II. Formale und sprachliche Gestaltung
- III. Beurteilung (und C. Schluss)

Stichwortartige Ausarbeitung des Aufsatzes

A. Einleitung

Liebe, und zwar meist die unerfüllte, ist ein beliebtes Motiv romantischer Dichter, als Beispiel sei nur an Eichendorffs *Das zerbrochene Ringlein* (1813) erinnert. Auch Clemens Brentano nimmt sich dieses Themas in seinem Gedicht *Der Spinnerin Nachtlied*, das 1802 entstanden ist, an.

B. Hauptteil: Interpretation

I. Inhalt und Aussage

Eine Spinnerin erinnert sich beim Gesang der Nachtigall, dass diese vor langer Zeit auch gesungen hat, als sie mit ihrem Geliebten vereint gewesen ist. In der zweiten Strophe schildert das lyrische Ich seine Traurigkeit. Die Spinnerin wird weiterhin in ihrer Einsamkeit ihren Faden spinnen. In der dritten Strophe erinnert sie der Gesang der Nachtigall daran, dass ihr Geliebter sie verlassen hat. In der vierten Strophe spricht sie ihn direkt an und versichert ihm ihre Treue und ewiges Andenken. Sie bittet Gott darum, sie wieder mit ihrem Geliebten zusammenzubringen. In der fünften Strophe versichert sie ihrem Geliebten, dass sie beim Gesang der Nachtigall, die seit ihrer Trennung stets gesungen hat, immer an ihn denken muss. In der sechsten und letzten Strophe bittet sie Gott nochmals um die Erfüllung ihres Wunsches. Die Einsamkeit löst Trauer in ihr aus und sie beginnt zu weinen.

Aussage: Tiefe Zuneigung kann auch Jahre nach einer Trennung unverändert bleiben; findet die Sehnsucht nach dem vermissten Partner keine Erfüllung, so sind Schmerz und Trauer die Folge.

II. Formale und sprachliche Gestaltung

Es lassen sich die folgenden sprachlichen und formalen Mittel feststellen:

- 6 Strophen zu jeweils vier Versen, dreihebiger Jambus, umarmender Reim, Wechsel von männlichen und weiblichen Kadenzen: klarer Aufbau, der das Volksliedhafte (vgl. auch den Titel des Gedichtes) unterstützt;
- gleiche Reimwörter und teilweise gleiche Verse in den Strophen 1, 3, 5 und 2, 4, 6: Wechsel von Erinnerung an die Vergangenheit (Strophe 1, 3, 5) und Klage über den gegenwärtigen Zustand (V. 2, 4, 6);
- kunstvolle Verschränkung einzelner Motive, die dem Gedicht etwas Artifizielles, auch Verspieltes, Verträumtes gibt;
- Symbol: Herz (V. 15) als Hinweis auf ihre treue Liebe;
- Metapher: einen Faden spinnen (vgl. V. 5–7) als Hinweis auf die Tätigkeit des Sich-Erinnerns;
- Kontrast: *süßer Schall* (V. 3) im Vergleich mit V. 11 f.

III. Beurteilung und C. Schluss

Die Spinnerin trauert einer verloren gegangenen Liebesbeziehung noch Jahre nach. Sie vermag es nicht, ihre Situation ins Positive zu wenden; vielmehr richtet sie ihre Gebete an Gott, der den Geliebten zurückbringen soll. Angesichts ihrer Situation versinkt sie am Ende in Melancholie. Dieses Verhalten lässt sich auf zwei Weisen beurteilen:

Zum einen könnte man der Spinnerin mangelnde Tatkraft beim Versuch, den Schmerz über die Trennung zu überwinden, vorwerfen. Sie hängt weiterhin an Erinnerungen, die immer wieder vom Gesang der Nachtigall ausgelöst werden. Man könnte ein solches Verhalten auch als selbstquälerisch bezeichnen. Auf der anderen Seite ist der Gedanke, dass die Zuneigung zu einem Menschen dauerhaft ist und dementsprechend auch schmerzhaft sein kann, durchaus erfüllend.

August Stramm (1874–1915)
***Untreu* (1914)**

Dein Lächeln weint in meiner Brust
Die glutverbissnen Lippen eisen
Im Atem wittert Laubwelk!
Dein Blick versargt
Und
Hastet polternd Worte drauf.
Vergessen
Bröckeln nach die Hände!
Frei
Buhlt dein Kleidsaum
Schlenkrig
Drüber rüber!

Vgl. zum Problemkreis „Ende einer Liebe" auch das nebenstehende expressionistische Gedicht

7.5 Clemens Brentano
In der Fremde
Bertolt Brecht
Finnische Landschaft

Arbeitsaufgabe:
Erschließen Sie die beiden folgenden Gedichte von Clemens Brentano und Bertolt Brecht! Erarbeiten Sie in einer vergleichenden Interpretation die jeweilige Gestaltung des Motivs der Fremde, und zeigen Sie dabei auch die epochen- und zeittypischen Merkmale auf!

Clemens Brentano (1778–1842)
***In der Fremde* (entstanden zwischen 1810 und 1812)**

Weit bin ich einhergezogen
Ueber Berg und über Thal
Und der treue Himmelsbogen
Er umgiebt mich überall.

Info
Kurzbiografie von Clemens Brentano s. S. 114

Unter Eichen unter Buchen
An dem wilden Wasserfall
Muss ich nun die Herberg suchen
Bei der lieb Frau Nachtigall

Die in brünstgem[1] Abendliede
Ihre Gäste wohl bedenckt
Biß sich Schlaf und Traum und Friede
Auf die müde Seele senckt.

Und ich hör dieselben Klagen
Und ich hör dieselbe Lust
Und ich fühl das Herz mir schlagen
Hier wie dort in meiner Brust

Aus dem Fluss, der mir zu Füßen
Spielt mit freudigem Gebraus
Mich dieselben Sterne grüßen
Und so bin ich hier zu hauß.

info

Bertolt Brecht wird 1898 in Augsburg geboren. Erste schriftstellerische Versuche fallen schon in seine Schulzeit. Als Dramaturg bei Max Reinhardt sammelt er wichtige Theatererfahrung, daneben veröffentlicht er sozialkritische Gedichte (*Bertolt Brechts Hauspostille*, 1927). *Die Dreigroschenoper* (1928) wird zum Skandalstück der Weimarer Republik, weil sie die Zuschauer nicht unterhalten, sondern im Sinne des epischen Theaters

Bertolt Brecht (1898–1956)
***Finnische Landschaft*[2] (entstanden im Juli 1940)**

Fischreiche Wässer! Schönbaumige Wälder!
Birken- und Beerenduft!
Vieltoniger Wind, durchschaukelnd eine Luft
So mild, als stünden jene eisernen Milchbehälter
Die dort vom weißen Gute rollen, offen!
Geruch und Ton und Bild und Sinn verschwimmt.
Der Flüchtling sitzt im Erlengrund und nimmt
Sein schwieriges Handwerk wieder auf: das Hoffen.

Er achtet gut der schöngehäuften Ähre
Und starker Kreatur, die sich zum Wasser neigt
Doch derer auch, die Korn und Milch nicht nährt.
Er fragt die Fähre, die mit Stämmen fährt:
Ist dies das Holz, ohn das kein Holzbein wäre?
Und sieht ein Volk, das in zwei Sprachen[3] schweigt.

1 „brünstig" hier im Sinne von „inbrünstig"
2 Seit April 1940 – nach Aufenthalten in Frankreich, der Schweiz und Schweden – befand sich Brecht im Exil in Finnland.
3 Die Landessprachen der Finnen sind Finnisch und Schwedisch.

Lösungsvorschlag:
Gliederung des Aufsatzes

A. Einleitung: Dichter, Titel, gemeinsames Thema

B. Hauptteil: Vergleichende Interpretation
- I. *In der Fremde*
  1. Gedanklicher Aufbau und Inhalt, Aussage
     a) Gedanklicher Aufbau und Inhalt
     b) Aussage

  2. Sprachliche und formale Mittel

- II. *Finnische Landschaft*
  1. Gedanklicher Aufbau und Inhalt, Aussage
     a) Gedanklicher Aufbau und Inhalt
     b) Aussage

  2. Sprachliche und formale Mittel

- III. Epochen- und zeittypische Merkmale in der Darstellung des Motivs der Fremde

C. Schluss: Zusammenfassung

Stichwortartige Ausarbeitung des Aufsatzes

A. Einleitung

Die Erfahrung der Fremde gestalten Clemens Brentano und Bertolt Brecht in ihren Gedichten *In der Fremde* bzw. *Finnische Landschaft*. Mit der Wanderung greift Brentano ein beliebtes Motiv der Romantik auf; Brecht gestaltet in seinem Gedicht hingegen auch eigene Erfahrungen als im Exil lebender Schriftsteller. Aufgrund dieser unterschiedlichen Ausgangspositionen unterscheidet sich auch die Behandlung des gemeinsamen Motivs.

aufrütteln will. Nach dem Beginn der faschistischen Diktatur in Deutschland verlässt Brecht Deutschland und ist mehrere Jahre in Österreich, Dänemark, Schweden, Finnland und der Sowjetunion unterwegs, bis er sich in Kalifornien niederlässt. Während des Exils entstehen seine bedeutendsten Stücke wie z. B. *Mutter Courage*, *Der gute Mensch von Sezuan* und das *Leben des Galilei*. 1947 siedelt er nach Ost-Berlin über und inszeniert mit seinem *Berliner Ensemble* Musteraufführungen seiner Werke, die ihn als Erneuerer des Theaters ausweisen. Brecht stirbt 1956 in Ost-Berlin.

B. Hauptteil: Interpretation

I. *In der Fremde*

1. **Gedanklicher Aufbau und Inhalt, Aussage**

a) **Gedanklicher Aufbau und Inhalt**

Strophe 1: Das lyrische Ich befindet sich auf einer ausgedehnten Wanderung. Es weist darauf hin, dass ihn der Himmel auf seiner Wanderung verlässlich begleitet hat.

Strophe 2: Das lyrische Ich ist auf der Suche nach einer Lagerstätte für die Nacht in der freien Natur.

Strophe 3: Die Nachtigall singt den Wanderern, die im Freien die Nacht verbringen, das Schlaflied. Auch das lyrische Ich erwartet, dass ihm das Lied der Nachtigall Ruhe und Frieden bringen wird.

Strophe 4: In Erinnerung an seine Heimat stellt das lyrische Ich fest, dass es Gefühle von Schmerz und Freude auch in der Fremde erfährt. Genauso wie es das Schlagen des eigenen Herzens zu Hause spürt, so bemerkt es das Schlagen auf der Wanderung.

Strophe 5: Auch die Sterne, die sich im Wasser spiegeln, sind dieselben wie die, die es zu Hause gesehen hat. Das lyrische Ich schließt aus diesen Erfahrungen, dass ihm die Fremde ein Zuhause ist.

b) **Aussage**

Das lyrische Ich artikuliert die tröstliche Erfahrung, dass das Heimatgefühl nicht abhängig vom jeweiligen Aufenthaltsort ist, sondern aus der eigenen Empfindungswelt stammt. Der vom lyrischen Ich verkörperte Mensch fühlt sich dort zu Hause, wo er seinen auch nur vorübergehenden Aufenthaltsort nimmt.

2. **Sprachliche und formale Mittel**

Die positive Natur- und Selbsterfahrung in der Fremde wird durch den Einsatz der sprachlichen und formalen Mittel nachhaltig unterstützt:

- fünf, vierzeilige Strophen, Kreuzreim, durchgehend vierhebiger Jambus mit abwechselnd weiblichen und männlichen Kadenzen, fließender Rhythmus: Ausdruck der Harmonie, des Wohlgefühls des lyrischen Ichs;
- Alliteration: *wilde(r) Wasserfall* (V. 6) als Intensivierung des poetischen Ausdrucks;

- Personifikation: *lieb Frau Nachtigall* (V. 8) als Hervorhebung des positiven Einflusses und als Hinweis, dass das lyrische Ich nicht allein ist, sondern andere Lebewesen (*Frau Nachtigall*) um sich hat;
- Enjambement (vgl. V. 9–12): Hervorhebung des überall vernehmbaren Liedes und des langsamen Herannahens des Schlafes;
- Polysyndeton, Klimax: *Schlaf und Traum und Friede* (V. 11) als Aufzählung aller positiven Eigenschaften der Nachtruhe;
- Alliteration: *Seele senckt* (V. 12) als Betonung der Bewegung von oben nach unten – die Seele liegt gleichsam am Boden, Schlaf und Traum hüllen sie nach und nach ein.
- Aufzählung, Anapher: *Und ich hör dieselben Klagen / Und ich hör dieselbe Lust / Und ich fühl das Herz mir schlagen* (V. 13–15) als Verstärkung der Gemeinsamkeit zwischen der Fremde und der Heimat durch Beispiele;
- Enjambement: *Aus dem Fluss, der mir zu Füßen / Spielt mit freudigem Gebraus / Mich dieselben Sterne grüßen* (V. 17–19) als Intensivierung der Bewegungsrichtung – Verbindung von Erde und Himmel, Fremde und Heimat;
- Fazit, Kontrast/Paradoxon: *Und so bin ich hier zu hauß* (V. 20) als abschließender Gegensatz zum Titel *In der Fremde* – Verstärkung der Aussage, dass Heimat in der Fremde erfahren wird.

II. ***Finnische Landschaft***

1. Gedanklicher Aufbau und Inhalt, Aussage

a) Gedanklicher Aufbau und Inhalt

2 Quartette als 1. Versgruppe

V. 1–5: Beobachtungen in der Natur: Das lyrische Ich beschreibt eine positive Naturerfahrung. Die Seen und Flüsse sind fischreich, die Bäume der Wälder sind schön anzusehen, die Luft ist von einem angenehmen Duft und mildem Wind erfüllt. Die Milde des Windes wird mit der der Milch verglichen.

V. 6: Das lyrische Ich beschreibt in synästhetischer Weise die Verwirrung seiner Sinne.

V. 7 f.: Identifizierung des lyrischen Ichs: Das lyrische Ich offenbart sich als Flüchtling, der auf ein Ende des Kriegs bzw. auf Rückkehr in seine Heimat hofft.

2 Terzette als 2. Versgruppe

V. 9 f.: Beobachtungen in der Natur: Der Flüchtling nimmt die Fruchtbarkeit des Landes wahr, die sich in der Fülle des Getreides und der Wohlgenährtheit des Viehs zeigt.

V. 11–13: Konzentration auf Mitmenschen: Er erinnert sich an die Menschen in seiner Heimat, die hungern müssen oder die verletzt sind und daher einer Holzprothese bedürfen.

V. 14: Situation des lyrischen Ichs: Die Beobachtungen des lyrischen Ichs schließen in der paradox anmutenden Feststellung, dass das Volk, bei dem es Aufnahme gefunden hat, in zwei Sprachen schweige. Beide Sprachen scheint das lyrische Ich nicht zu verstehen – der Schlussvers vermittelt einen Eindruck der Isolation des Flüchtlings.

b) Aussage

Die Erfahrung der Heimatlosigkeit und Isolation ist unabhängig von den wohlgeordneten materiellen Umständen, in denen sich das lyrische Ich in der Fremde wiederfindet. Die Beobachtung des äußeren Lebens stößt Gedanken an die Heimat an und vermittelt dem lyrischen Ich das Gefühl der Melancholie, aber auch der Sorge um die Zurückgebliebenen.

2. Sprachliche und formale Mittel

- zwei Versgruppen zu acht bzw. sechs Versen als Sonett (Beobachtungen in den Quartetten und im ersten Terzett, Fazit/Pointe im letzten Terzett), kein durchgängiges Metrum, geordnete Reimfolge (abba, cddc, efg, gef), überwiegend Übereinstimmung von Satz- und Versende: Rückgriff auf die im Barock beliebte Form des Sonetts als Zitat, geordneter Aufbau als Form der wahrgenommen Harmonie, Störung der Harmonie an herausgehobenen Stellen (vgl. V. 7 f., 13 f.) als „Pointe";
- Ausrufe (vgl. V. 1 f.), Neologismus (*schönbaumig*, V. 1), ä-Assonanzen (*Wässer*, *Wälder*, *Milchbehälter*), Inversion, Synästhesie (vgl. V. 3–5) als Ausdruck der Begeisterung über die wohlgefällige Natur;
- Enjambement (vgl. V. 7 f.), Alliteration: *Handwerk*, *Hoffen* (V. 8) als Verstärkung der den Flüchtling ausfüllenden Tätigkeit;
- Wortspiel: *Holz / Holzbein* (V. 13), ä-Assonanzen: *schöngehäufte(n) Ähre* (V. 9), *nährt* (V. 11), *Fähre* (V. 12), *Stämme* ( ) (V. 12), *fährt* (V. 12), *wäre* (V. 13) als Hinweis auf die Verbindung der Naturbeobachtung mit der den Flüchtling beschäftigenden Erinnerung an die in der Heimat gebliebenen Menschen;
- Paradoxon: *Und sieht ein Volk, das in zwei Sprachen schweigt* (V. 14) als Verdeutlichung der widersprüchlichen Lage (Wahrnehmung des angenehmen Natureindrucks versus schmerzhaftes Hoffen bzw. Erinnern), in der sich das lyrische Ich befindet.

III. Epochen- und zeittypische Merkmale in der Darstellung des Motivs der Fremde

a) *In der Fremde*

- Der Leser erhält keine genaue Angabe, wo sich das lyrische Ich befindet; allerdings handelt es sich um einen freiwilligen Aufenthalt.
- Das lyrische Ich empfindet eine große Nähe zur Natur. Die Fremde erscheint in einem positiven Licht, da sie auch die Erfahrung des Zu-Hause-Seins ermöglicht. Das lyrische Ich findet sich in der Natur wieder.
- Die Wahl der Gedichtform (Volkslied) drückt die Freude des lyrischen Ichs in einfacher Weise aus.
- Die Form (Volksliedstrophe) und das für die Naturbeschreibung verwendete Vokabular ordnen das Gedicht der Romantik zu (*Nachtigall, wild, Herz, zu hauß*). Auch die Motive „Wanderung", „Traum", „Schlaf", das Unterwegssein und die Sehnsucht nach einer engen Verbindung mit der Natur sprechen für diese Einordnung.

b) *Finnische Landschaft*

- Der Leser erhält die genaue Angabe, wo (Finnland) und in welcher Situation (Flüchtling) sich das lyrische Ich befindet.
- Der unfreiwillige Aufenthalt lässt einen Rückschluss auf die biografische Situation des Dichters zu: Brecht war 1933 aus dem Nazideutschland über Frankreich, die Schweiz, und Schweden nach Finnland geflohen, später ging er in die USA.
- Die Naturbeschreibung zeugt von einem Abstand zur Natur, dennoch erfährt das lyrische Ich ein eindringliches Naturerlebnis; trotz der wohlgeordneten äußeren Umstände befällt den Flüchtling das Gefühl der Heimatlosigkeit, er hofft auf Rückkehr.
- Die Gedanken des lyrischen Ichs sind nicht von Sorge um das eigene Ich, sondern um die Menschen in der Heimat bestimmt;
- Das Sonett bewirkt als strenge Form einen feierlichen Ton. Das könnte ein Hinweis auf die Ernsthaftigkeit der Lage sein oder eine Form der Dankbarkeit für das Land, in dem der Flüchtling Aufnahme gefunden hat. Ein wirkliches Zuhause findet der Flüchtling aber nicht in der Fremde.
- Merkmale, die das Gedicht der Moderne zuordnen, sind neben dem mitzudenkenden historischen Hintergrund des Zweiten Weltkrieges die zunehmende Isoliertheit des lyrischen Ich (das Kommunikations- bzw. Sprachproblem findet sich als Motiv seit dem Impressionismus in der Literatur, vgl. Hoffmannsthals *Chan-*

dos-Brief), der Verzicht auf eine Sinn- und Trostgebung durch eine mythisch-transzendente Welt, das Experimentieren mit allen literarischen Formen (Verwendung der Sonettform als Zitat).

C. Schluss

In der Isolation des Individuums und im Fehlen einer mythischen Naturerfahrung finden sich die markanten Unterschiede in der inhaltlichen Gestaltung zwischen dem romantischen Motiv des Unterwegsseins und der modernen Erfahrung der Fremde. Beiden Epochen, wie sie in den vorliegenden Gedichten beispielhaft vertreten sind, ist allerdings die Sehnsucht nach dem Zuhause gemeinsam. Diese Sehnsucht artikuliert sich in der Romantik z. B. in Joseph von Eichendorffs *Mondnacht* (1837); in der Moderne finden wir das Motiv z. B. in Bertolt Brechts *An die Nachgeborenen* (1940) und in Gottfried Benns *Reisen* (1950) gestaltet.

8. Themen und Gedichte für Gedichtvergleiche

Themen	Gedichte
Liebe	**Unbekannter Dichter** *Du bist mîn* **Albrecht von Johansdorf** *Ich vant âne huote* **Martin Opitz** *Francisci Petrarchae* **Clemens Brentano** *Der Spinnerin Nachtlied*
Gott	**Martin Luther** *Der XLVI. Psalm. Deus noster refugium et virtus* **Johann Hess** *0 Welt, ich muss dich lassen* **Johann Wolfgang von Goethe** *Prometheus*
Politisches Zeitgeschehen	**Walther von der Vogelweide** *Ich saz ûf eime steine* **Gottfried August Bürger** *Der Bauer. An seinen durchlauchtigen Tyrannen* **Friedrich Schiller** *Das Lied von der Glocke*
Glück	**Friedrich Schiller** *Das Lied von der Glocke* **Friedrich Schiller** *Der Ring des Polykrates*
Abend/Nacht	**Matthias Claudius** *Abendlied* **Joseph von Eichendorff** *Mondnacht* **Joseph von Eichendorff** *Stimmen der Nacht*

Reisen	**Clemens Brentano** *In der Fremde* **Bertolt Brecht** *Finnische Landschaft*
Krankheit/Tod/ Vergänglichkeit	**Andreas Gryphius** *Thränen in schwerer Krankheit Anno 1640* **Matthias Claudius** *Der Tod* **Heinrich Heine** *Belsazar* **Rudolf Alexander Schröder** *Zum Totensonntag*
Natur	**Johann Wolfgang von Goethe** *Mailied* **Johann Wolfgang von Goethe** *Auf dem See* **Ingeborg Bachmann** *Entfremdung* **Joseph von Eichendorff** *Der Dichter*
Der Mensch	**Johann Wolfgang von Goethe** *Prometheus* **Johann Wolfgang von Goethe** *Ganymed* **Johann Wolfgang von Goethe** *Gesang der Geister über den Wassern* **Johann Wolfgang von Goethe** *Das Göttliche* **Johann Wolfgang von Goethe** *Grenzen der Menschheit* **Friedrich Schiller** *Das Lied von der Glocke* **Friedrich Schiller** *Der Ring des Polykrates*

9. Die Grundbegriffe der Poetik

Absolute Poesie

Dichtung ohne konkreten Realitätsbezug, die sprachlichen Bilder werden zu einer eigenen Wirklichkeit zusammengesetzt; Sprache, Klang und Rhythmus werden ihrer selbst wegen gepflegt (*l'art pour l'art*); verwirklicht bei Baudelaire, Mallarmé, Rimbaud

Akzent

(lat. Zugesang)

Hervorhebung durch besondere Betonung (Erhöhung der Tonstärke); **Versakzent** wird durch die Anzahl der → Hebungen und → Senkungen in einem Vers bestimmt, die Hebungen ermittelt man durch die natürliche Betonung eines Wortes. **Wortakzent** richtet sich nach der Stammsilbe (z. B.: geben). **Satzakzent** wird bestimmt durch die Aussageabsicht. Das, was besonders betont werden soll, steht am Anfang oder am Ende des Satzes.

Alexandriner

Reimvers mit sechshebigem → Jambus, der nach der dritten → Hebung eine deutliche → Zäsur aufweist

Beispiel: *Du siehst, wohin du siehst nur Eitelkeit auf Erden*
(Gryphius *Es ist alles eitel*, V. 1)
| ∪ – | ∪ – | ∪ – || ∪ – | ∪ – | ∪ – | ∪

Akkumulation

(lat. Anhäufung)

Anhäufung von Worten, dadurch größerer Nachdruck auf der Aussage

Beispiel: *Wer zählt die Völker, nennt die Namen*
Die gastlich hier zusammenkamen?
Von Theseus' Stadt, von Aulis Strand,
Von Phokis, vom Spartanerland,
Von Asiens entlegner Küste,
Von allen Inseln kamen sie
(Schiller, *Die Kraniche des Ibykus*)

Alkäische Strophe

Vierzeilige, aus zwei elfsilbigen Versen, einem neun- und einem zehnsilbigen Vers bestehende antike Strophenform, benannt nach dem griechischen Dichter Alkaios; die alkäische Strophe besteht aus Jamben, Trochäen und Daktylen, die folgendermaßen angeordnet sind:

◡ – ◡ – ◡ – ◡◡ – ◡–
◡ – ◡ – ◡ – ◡◡ – ◡–
◡ – ◡ – ◡ – ◡ – ◡
– ◡◡ – ◡◡ – ◡ – ◡

Beispiel: *Willkommen dann, o Stille der Schattenwelt!*
Zufrieden bin ich, wenn auch mein Saitenspiel
Mich nicht hinabgeleitet; einmal
Lebt' ich wie Götter, und mehr bedarf's nicht
(Hölderlin, *An die Parzen*)

Allegorie

(gr. *bildliche Redeweise*)
Bildhaft-konkrete Darstellung von etwas Abstraktem, Allegorie ist das, was sie meint (Unterschied zum → Symbol)
Beispiel: Greis, der Alter darstellt

Alliteration (Stabreim)

(aus lat. *hinzu*+Buchstabe)
gleicher Anlaut der Stammsilbe
Beispiel: *wiegende Welle*

Alternation

(lat. *abwechseln*)
Regelmäßiger Wechsel von einsilbiger → Hebung und einsilbiger → Senkung
Beispiel: *Fest gemauert in der Erden*
Steht die Form aus Lehm gebrannt
(Schiller, *Das Lied von der Glocke*)

Anadiplose

(gr. *Verdoppelung*)
Verstärkende Wiederholung des letzten Wortes oder von Teilen des letzten Satzes zu Beginn eines folgenden Satzes oder Verses
Beispiel: *Ein Mann wohnt im Haus der spielt mit den Schlangen der schreibt der schreibt wenn es dunkelt nach Deutschland dein goldenes Haar Margarete*
(Celan, *Todesfuge*, V. 5 f.)

Anapäst
(aus gr. *Zurückschlagen*)
Dreisilbiger → Versfuß, der aus zwei kurzen (unbetonten) Silben und einer langen (betonten) Silbe besteht
Beispiel: *Anapäst*
∪ ∪ –

Anapher
(gr. Beziehung)
Wiederholung desselben Wortes oder derselben Wortgruppe am Anfang von aufeinanderfolgenden Sätzen oder Satzgliedern
Beispiel: *Ist sie dann gleichwol was / wem ist jhr Thun bewust? /*
Ist sie auch gut vnd recht/wie bringt sie böse Lust?
(Opitz, *Francisci Petrarchae*)

Anrede
Formulierung, die sich an Leser wendet

Anspielung
halb versteckte Andeutung

Antithetik
(aus lat. *gegen+Behauptung*)
Gegenüberstellung von Begriffen oder Inhalten
Beispiel: *Ist Liebe lauter nichts / wie dass sie mich entzündet?*
(Opitz, *Francisci Petrarchae*)

Apodiktische Aussagen
(gr. *Nachweis, Beweis*)
keinen Widerpruch duldende Aussagen

Apostrophe
(gr. *Ablenkung*)
Abwendung vom Leser
Beispiel: *Fest gemauert in der Erden*
Steht die Form, aus Lehm gebrannt.
Heute muß die Glocke werden,
Frisch, Gesellen, seid zur Hand.
(Schiller, *Das Lied von der Glocke*)

Archaisierung
(gr. *Anfang*)
Benutzung altertümlicher Wörter
Beispiel: *sintemal* (für da)

Asklepiadische Strophe

Antike vierzeilige Strophenform, benannt nach dem Dichter Asklepiades, mit der folgenden Struktur:

– ∪ – ∪ ∪ – – ∪ ∪ – ∪ –
– ∪ – ∪ ∪ – – ∪ ∪ – ∪ –
– ∪ – ∪ ∪ – ∪
– ∪ – ∪ ∪ – ∪ –

Beispiel: *Schön ist, Mutter Natur, deiner Erfindung Pracht*
Auf die Fluren verstreut, schöner ein froh Gesicht,
Das den großen Gedanken
Deiner Schöpfung noch einmal denkt
(Klopstock, *Der Zürchersee*)

Assonanz

(gr. *gleich tönend*)
Halbreim durch Gleichklang der Vokale
Beispiel: *Ich weis nicht was ich wil/ich wil nicht was ich weis*
(Opitz, *Francisci Petrarchae*)

Asyndeton

(gr. *unverbunden*)
Reihung von Sätzen oder Satzgliedern ohne Konjunktion
Beispiel: *Jtzt Blumen / morgen Koth / wir sind ein Wind / ein Schaum/*
Ein Nebel und ein Bach / ein Reiff / ein Thau' / ein Schatten.
(Gryphius, *Thränen in schwerer Krankheit. Anno 1640*)

Attribute

(lat. *Eigenschaft*)
Beifügung zur genaueren Bestimmung der Eigenschaft
Beispiel: *(...) ich sitz in tausend Schmertzen*
(Gryphius, *Thränen in schwerer Krankheit. Anno 1640*)

Auftakt

Unbetonte, der ersten Hebung vorangehende Silbe(n) am Versanfang
Beispiel: *Mir ist ich weiß nicht wie / ich seufftze für und für.*
(Gryphius, *Thränen in schwerer Krankheit. Anno 1640*)

Aufzählungen

(→ Trias)
Häufung von Begriffen oder Ausdrücken
Beispiel: s. Beispiel unter *Asyndeton*

Ausruf

Ausrufungssatz

Beispiel: *Der edle Mensch*
Sei hilfreich und gut!
(Goethe, *Das Göttliche*)

Binnenreim

→ Reimformen

Bänkelsang

Im 17. Jh. von umherziehenden Schaustellern zu Drehorgelmusik vorgetragene Geschichten, mit spannend-schauerlichem und lehrhaftem Inhalt (→ Moritat). Die Bezeichnung kommt von der Holzbank, von der aus diese Geschichten vorgetragen wurden.

Ballade

(ital. *Tanzlied*)

Ursprünglich ein zum Tanzen gesungenes Lied, heute versteht man darunter eine knapp skizzierende Erzählung in Strophenform, die ein geheimnisvolles, außergewöhnliches Ereignis mit meist tragischem Ende aus der Geschichte, der Sage, der Legende oder aus dem zeitgenössischen Geschehen thematisiert. Die Spannung wird im Schluss, der Pointe, aufgelöst. Man unterscheidet Volksballaden, die als einfache Erzählungen mündlich tradiert wurden, und Kunstballaden, die von einem Dichter gestaltet werden und meist einen kunstvollen Aufbau besitzen.

Beispiel: Schiller, *Der Ring des Polykrates*, Goethe, *Der Zauberlehrling*

Bild

Sprachliche Form des anschaulichen, aber uneigentlichen Sprechens, d. h., der sprachliche Ausdruck meint nicht das Bild, sondern etwas anderes.

Beispiel: *Hektor ist stark wie ein Löwe.* Das sprachliche Bild kann verschiedene Formen haben, z. B. → Allegorie, → Chiffre, → Emblem, → Metapher, → Personifizierung, → Symbol, → Synekdoche, → Vergleich.

Bilderlyrik

Gedichte, bei denen die grafische Anordnung des Textes eine bildliche Ergänzung zum Inhalt ist

Beispiel:

Wörter
Meine Fallschirme
Mit euch
springe
ich
ab
Ich fürchte nicht die Tiefe
Wer euch richtig
öffnet
schwebt
(Bienek, *Wörter*)

Blankvers

reimloser, fünfhebiger → Jambus

Beispiel: *Es eifre jeder seiner unbestochnen,*
Von Vorurteilen freien Liebe nach!
(Lessing, *Nathan*)

Chevy-Chase-Strophe

(engl. *Jagd auf den Cheviotbergen*)

Strophenform der englischen Volksballade (15. Jh.) mit folgendem Aufbau:

∪ – ∪ – ∪ – ∪ –
∪ – ∪ – ∪ –
∪ – ∪ – ∪ – ∪ –
∪ – ∪ – ∪ –

Charakteristisch ist besonders die männliche Kadenz aller Verse.

Beispiel: *Der Weltraum fernt mich weit von dir,*
So fernt mich nicht die Zeit.
Wer überlebt das siebzigste
Schon hat, ist nah bei dir.
(Klopstock, *Das Wiedersehen*)

Chiasmus

(Name von Gestalt des gr. Buchstaben χ)

Überkreuzung von Satzgliedern oder Wortgruppen, die sich inhaltlich oder formal entsprechen

Beispiel: *Die Kunst ist lang und kurz ist unser Leben*
(Goethe, *Faust*)

Chiffre

(frz. *Zahl, Ziffer*)

Dabei handelt es sich um ein Sprach- oder Bildsymbol, das verkürzt auf einen komplexen Zusammenhang, der meist aus dem Kontext erschlossen werden muss, verweist.

Beispiel: *Stadt* (Trakl, *An die Verstummten*)

Daktylus

(gr. *Finger*)

Dreisilbiger → Versfuß, der aus einer langen (betonten) Silbe und zwei kurzen (unbetonten) Silben besteht

Beispiel: *Daktylus*
– ∪ ∪

Diminutive

(lat. *Verkleinerung*)

Verkleinerungsform eines Nomens durch Anhängung von -chen

Beispiel: *Kindchen*

Dinggedicht

distanzierte, „objektive" Beschreibung von Dingen durch ein ganz aus dem Gedicht zurückgezogenes lyrisches Ich

Beispiel: Heym, *Der Krieg*

Dingsymbol

(gr. *Kennzeichen, Merkmal*)

Gegenstand mit übertragener Bedeutung und Leitmotivcharakter (→ Symbol)

Beispiel: die Glocke in Schillers *Das Lied von der Glocke*

Distichon (Plural: Distichen)

(gr. *Doppelvers*)

Antike Strophenform, die aus einem → Hexameter und einem → Pentameter besteht

Beispiel: *Im Hexameter steigt des Springquells flüssige Säule,*
Im Pentameter drauf fällt sie melodisch herab
(Schiller, *Das Distichon*)

Elegie

(vielleicht von gr. *Flöte*)

Ursprünglich Bezeichnung für ein in → Distichen abgefasstes Gedicht; später als Bezeichnung für Klagegedicht

Beispiel: Zuckmayer, *Elegie von Abschied und Wiederkehr*

Ellipse

(gr. *Auslassung*)

Auslassung eines Wortes/Satzgliedes in einem Satz

Beispiel: *Jtzt Blumen / morgen Koth / wir sind ein Wind / ein Schaum*
(Gryphius, *Thränen in schwerer Krankheit. Anno 1640*)

Emblem

(gr. *Einlegearbeit*)

Kunstform, entstanden im Barock, die in einer Dreiteilung in Überschrift, Bild und erläuternden Text die symbolische Darstellung eines Sachverhaltes unternimmt

Endreim

Gleichklang einer oder mehrerer Silben von der letzten Hebung an

Beispiel: *Ich weine Tag und Nacht / ich sitz in tausend Schmertzen;*
Und tausend fürcht ich noch / die Krafft in meinem Hertzen
(Gryphius, *Thränen in schwerer Krankheit. Anno 1640*)

Enjambement

(frz. *Überschreitung*)

Zeilensprung, Vers- und Satzende stimmen nicht überein, dadurch besondere Hervorhebung des Inhalts, Zeichen von Zusammenordnung / Zusammengehörigkeit, Steigerung der Dynamik

Beispiel: *du solltest dich einrichten, denn*
wer sagte,
man müsse das Leben tapfer durchleben?
(Szymborska, *Werbeprospekt*)

Epigramm

(gr. *Aufschrift*)

Sinngedicht, meist als Zweizeiler, das einen Gedanken treffend formuliert (Kurzform der → Gedankenlyrik)

Beispiel: *Spruch, Widerspruch: Ihr müsst mich nicht durch Widerspruch verwirren!*
Sobald man spricht, beginnt man schon zu irren.
(Goethe, *Epigrammatisch*)

Epipher

(gr. *Zugabe*)

Wiederholung desselben Wortes oder derselben Wortgruppe am Ende aufeinanderfolgender Satzglieder oder Sätze

Beispiel: *(nächste Seite)*

Ich sah auf dich und weinte nicht. Der Schmerz
Schlug meine Zähne knirschend auseinander;
Ich weinte nicht. (...)
(Schiller, *Don Karlos*)

Erlebnislyrik

Überholter Begriff für ein Gedicht, in dem ein lyrisches Ich Stimmungen und Gefühle ausdrückt; diese Stimmungen beeinflussen die äußere Wahrnehmung

Beispiel: Eichendorff, *Mondnacht*

Erweiterter Reim

Gleichklang von Wörtern zweier oder mehr Verse, der schon vor der letzten Hebung einsetzt

Beispiel: *Freude dem Sterblichen,*
den die verderblichen,
schleichenden, erblichen
Mängel umwandeln.
(Goethe, *Faust*)

Euphemismus

(gr. *Worte von guter Vorbedeutung sprechen*)
positive Umschreibung negativer Sachverhalte, dadurch Verschleierung der Realität, Beschwichtigung

Beispiel: *Freisetzung von Arbeitskräften für Entlassung*

Erzählgedicht

→ Ballade

Farbsymbol

(Farbe + gr. *Kennzeichen, Merkmal*)
Konkrete Zeichen, in diesem Falle Farben, die auf abstrakten Inhalt hindeuten. Beispiele für Farbsymbole und ihre gängigen Bedeutungen:

- **braun**: Farbe des Bodens, mütterliche Farbe, im Mittelalter Symbol der Demut; auch als Farbe der Nationalsozialisten
- **blau**: Farbe der Unendlichkeit, Sehnsucht, Treue und Verlässlichkeit, auch als Trauerfarbe und Farbe des Bösen
- **gelb**: Fruchtbarkeit, Sinnlichkeit, auch negativ als Farbe der Ausgestoßenen, Farbe des Neides
- **grün**: Farbe der Hoffnung, des aufbrechenden Lebens, der Liebe, auch negativ als Farbe des Todes
- **weiß**: Farbe der Reinheit, der Unschuld, auch als Farbe der Trauer

- **rot**: Farbe des Lebens, der Liebe, auch für Kampf, Gefahr, Blut; in der Bibel auch für Sünde
- **violett**: Treue, auch Buße
- **schwarz**: Farbe des Unglücks, der Trauer, des Bösen

Figurengedicht

→ Bilderlyrik

Freie Rhythmen

Gedicht, bei dem feste metrische Formen, Reime, gleiche Vers- oder Strophenlänge aufgegeben werden, rhythmisch zumeist stark gegliedert (Unterschied zur Alltagssprache des → Prosavers)

Beispiel: Goethe *Prometheus, Gesang der Geister über den Wassern*

Freie Verse

Gedicht, das wie → freie Rhythmen unterschiedliche Verslängen aufweist; im Gegensatz zu → freie Rhythmen mit Reim und metrischem Schema

Beispiel: *Als mich mein Traum verschlug,*
Fand ich mich wandern im schönsten Nachmittag
Den Hügel nieder, der schwebte und mit Flügeln schlug.
Zu meinen Füßen lag
Das Land in goldenem Staat,
Das Land in Schwaden rauschend der gereiften Saat.
(Werfel, *Der Ritt*)

Gattung

Bezeichnung für die *Naturformen der Poesie* (Goethe), Lyrik, Drama, Epik, die sich auch gegenseitig durchdringen können; der Begriff *Gattung* wurde in neuerer Zeit durch *Textsorte* ersetzt.

Gedankenlyrik

Gedicht, in dem philosophische oder theologische Gedanken gestaltet werden

Beispiel: → Epigramm

Ghasel

(arab. Gespinst)

Orientalische Gedichtform, bei der der erste Vers des Gedichtes das Reimwort für alle geraden Verse vorgibt; die ungeraden Verse bleiben reimlos.

Beispiel: *Der Strom, der neben mir verrauschte, wo ist er nun?*
Der Vogel, dessen Lied ich lauschte, wo ist er nun?
Wo ist die Rose, die die Freundin am Herzen trug,

Und jener Kuss, der mich berauschte, wo ist er nun?
Und jener Mensch, der ich gewesen, und den ich längst
Mit einem andern Ich vertauschte, wo ist er nun?
(Platen)

Gleichnis

Erweiterter Vergleich, bei dem ein *tertium comparationis* – ein Vergleichspunkt – die Verbindung zwischen Bild- und Sachhälfte herstellt

Beispiel: Goethe, *Gesang der Geister über den Wassern*

Groteske

Verbindung von Unvereinbarem, dadurch Erheiterung, Wecken von Interesse, eventuell auch Entsetzen

Beispiel: Dürrenmatt, *Die Physiker*

Haiku

(jap. *Kettengedicht*)

Kürzeste japanische Dichtform, bestehend aus drei Versen mit insgesamt 17 Silben nach dem Schema fünf Silben (1. Vers), sieben Silben (2. Vers), fünf Silben (3. Vers)

Beispiel: *Der uralte Teich*
Von dem Laubfroschsprung erzeugt:
Wasser-plitsch-platsch-laut.
(Baschô)

Oder auch:
Lernen musst du heut.
Wenn du Bange-Bücher nimmst
Geht es wie von selbst.

Hebung

Bezeichnung für die betonte Silbe im Vers, Kennzeichnung z. B. mit – oder mit x́

Hendiadyoin

(gr. *eins durch zwei*)

Ausdruck eines Sachverhaltes durch zwei gleichbedeutende Substantive oder Verben

Beispiel: *Rauch und Dunst* (Gryphius, *An sich selbst*)

Hexameter

(gr. *sechs* und *Maß*)

Antiker Vers, der aus sechs Versfüßen besteht und meist mit Daktylen gefüllt ist

Beispiel: *Sing, unsterbliche Seele, der sündigen Menschen Erlösung,*
Die der Messias auf Erden in seiner Menschheit vollendet
(Klopstock, *Messias*)

Hochwertwörter (auch religiöse Sprache)

Verwendung von Wörtern mit hohem moralischen oder religiösen Anspruch

Beispiel: *Treue, Standhaftigkeit, Heiligkeit*; Feierlichkeit und Ernsthaftigkeit der Aussage werden unterstrichen.

Humor

(lat. *Körpersaft*)

Haltung, die auch noch in widrigen Lebensumständen versöhnlich gestimmt ist und das Liebenswerte in der Unzulänglichkeit zu erkennen sucht; Gegensatz zum versöhnlichen Humor ist der *schwarze Humor* mit zynisch-pessimistischer Konfrontation.

Hymne

(gr. *Festgesang*)

Loblied auf Helden oder mit religiösem Inhalt, festlicher Grundton, nicht auf ein bestimmtes metrisches Schema festgelegt

Beispiel: Goethe, *Ganymed*

Hyperbel

(gr. *Darüberhinauswerfen*)

Übertreibung

Beispiel: *Mir ist ich weiß nicht wie / ich seufftze für und für.*
Ich weine Tag und Nacht / ich sitz in tausend Schmertzen
(Gryphius, *Thränen in schwerer Krankheit. Anno 1640*)

Hypotaxe

(gr. *Unterordnung*)

Fügung aus Haupt- und Nebensatz

Beispiel: *Wenn ich, von deinem Anschaun tief gestillt,*
mich stumm an deinem heil'gen Wert vergnüge,
dann hör' ich recht die leisen Atemzüge
des Engels, welcher sich in dir verhüllt
(Mörike, *An die Geliebte*)

Ideologiesprache

(gr. *Lehre von den Ideen*)

Begriffe, die von einer politischen Weltanschauung bestimmt sind

Beispiel: *Gingen wir doch, öfter als die Schuhe die Länder wechselnd*
Durch die Kriege der Klassen, verzweifelt
Wenn da nur Unrecht war und keine Empörung.
(Brecht, *An die Nachgeborenen*)

Inversion

(lat. *Umstellung*)

Umkehr der gewöhnlichen Wortfolge, meist Subjekt nach Prädikat, Herausstellung bedeutungstragender Wörter, Erhöhung der Eindringlichkeit

Beispiel: *Fällt hin der Mann* (Haufs, *Jeden Tag*)

Ironie

(gr. *Verstellung, Vorwand*)

Unwahre Behauptung, die das Gegenteil von dem meint, was sie ausdrückt

Beispiel: *Das ist aber ein schönes Wetter* (bei Regen).

Jambus

(gr. *schleudern*)

Zweisilbiger → Versfuß, der aus einer kurzen (unbetonten) und einer langen (betonten) Silbe besteht

Beispiel: *Es eifre jeder seiner unbestochnen,*
Von Vorurteilen freien Liebe nach!
(Lessing, *Nathan*)

Kadenz

(zu lat. *fallen*)

Form des Versendes, einsilbig (stumpfe oder männliche Kadenz) oder zweisilbig (klingende oder weibliche Kadenz)

Beispiel:

- männliche Kadenz:
  Acht Pfennige, das war das ganze Geld.
  Ich scharrt' ihn ein auf selbigem Feld
  (Chamisso, *Die Sonne bringt es an den Tag*)

- weibliche Kadenz:
  Ein Fluch dem König, dem König der Reichen,
  Den unser Elend nicht konnt erweichen
  (Heine, *Die schlesischen Weber*)

Kehrreim

→ Refrain

Kinderlied

Für Kinder gedachtes Lied, das sich durch kurze, einfache Strophen und eingängige Reime auszeichnet; diese Form ist besonders in der Romantik und im Biedermeier beliebt.

Klapphornvers

Form des → Nonsens-Gedichts; Parodie auf ein Gedicht von Friedrich Daniel:

Zwei Knaben gingen durch das Korn,
Der andere blies das Klappenhorn.
Er konnt es zwar nicht ordentlich blasen,
Doch blies er's wenigstens einigermaßen.

Parodie behält zumeist den ersten Vers und die Reimwörter bei.

Klimax

(gr. *Leiter*)

Steigernde Aufzählung vom schwächeren zum stärkeren Begriff (Gegenteil: Antiklimax)

Beispiel: *Er kam, sah, siegte.*

Knittelvers

Paarweise gereimter Vierheber, beliebt vor allem in volkstümlichen Versen oder in Kinderliedern; freie Knittelverse weisen unregelmäßige Füllung der Senkungen auf, strenge Knittelverse füllen die Senkung nur mit einer Silbe.

Beispiel: *Da steh ich nun ich armer Tor,*
Und bin so klug als wie zuvor!
Heiße Magister, heiße Doktor gar,
Und ziehe schon an die zehen Jahr'
Herauf, herab und quer und krumm
Meine Schüler an der Nase herum –
Und sehe, dass wir nichts wissen können!
Das will mir schier das Herz verbrennen.
(Goethe, *Faust*)

Kolon

(gr. körpergliedartiges Gebilde)

Wort oder Wortgruppe als Sprecheinheit, bedingt durch Atempause oder Wechsel der Tonhöhe, nicht abhängig vom Metrum oder vom Versende

Beispiel: (die einzelnen Kola sind durch // gekennzeichnet)
Es ist so still, // die Heide liegt
Im warmen Mittagssonnenstrahle, //
Ein rosenroter Schimmer fliegt //
Um ihre alten Gräbermale; //
Die Kräuter blühn; // der Heideduft
Steigt in die blaue Sommerluft. //
(Storm, *Abseits*)

Komik

(gr. *nächtlicher Umzug*)
Der Begriff bezeichnet einen Effekt, der sich als Lächeln, Lachen oder Spott äußert und der auf dem Widerspruch zwischen angestrebtem und tatsächlichem Sinn, zwischen Schein und Sein beruht.

Konkrete Poesie

Form der modernen Lyrik, die sich der Sprache z. B. unter visuellen oder akustischen Gesichtspunkten bedient (z. B. in Form ornamentaler Anordnung)

Kreuzreim

→ Reimformen

Kunstballade

→ Ballade

Langvers

Einheit, die aus zwei Kurzversen mit 2–4 Hebungen besteht und durch einen Einschnitt voneinander getrennt ist (→ Zäsur); besonders in der germanischen und mittelhochdeutschen Dichtung; ein Langvers ist auch der im Barock beliebte Alexandriner.
Beispiel: *Uns ist in alten maeren wunders vil geseit (Nibelungenlied)*
und Opitz, *Francisci Petrarchae*

Lautmalerei

Nachahmung von Lauten mithilfe der zur Verfügung stehenden Wörter
Beispiel: *Es klappert die Mühle am rauschenden Bach:*
Klipp. Klapp!
(Anschütz)

Lehrhafte Dichtung

Gedicht, meist aus dem Bereich der → Gedankenlyrik, mit einem lehrhaften, moralischen, aufklärenden Inhalt
Beispiel: Gellert, *Der Tanzbär*

Leitmotiv

Gegenstand, Situation oder Formulierung, die durch Wiederholung der Charakterisierung bzw. als Strukturhilfe dienen

Beispiel: die Glocke in Schillers *Das Lied von der Glocke*

Lied

Sangbare oder tatsächlich zu einer Melodie gesungene, strophisch gegliederte und gleichmäßig aufgebaute lyrische Kurzform, besonders in der Romantik beliebt, vgl. Vertonungen von Schubert; Bezeichnung steht auch für einfache Gedichte mit besonderer Betonung des Rhythmus.

Beispiel: Goethe, *Mailied*

Limerick

(Name einer irischen Stadt)

Zählt zu → Nonsens-Gedicht; einstrophiger Fünfzeiler mit dem Reimschema aabba, Hebungszahl vorgeschrieben: 3, 3, 2, 2, 3, im letzten Vers zumeist unsinnige, groteske Wendung

Beispiel: *There was a young lady of Riga,*
Who rode with a smile on a tiger.
They returned from the ride
With the lady inside
And a smile on the face of the tiger.
(Kipling)

Litotes

(gr. *Einfachheit*)

Verneinung des Gegenteils

Beispiel: *nicht schlecht*

Lyrisches Ich

Bezeichnung für den Sprecher im Gedicht (= Erzähler in epischen Texten), darf nicht mit dem Dichter verwechselt werden, auch wenn es ihm in Stimmungen und Gedanken sehr nahe kommt

Metapher

(gr. Übertragung)

Bildhafter Ausdruck, bildhafte Unterstützung der Aussage, Verstärkung der Suggestion im Dienste von Aufwertung oder Abwertung

Beispiel: *corall der lippen* (Hofmann von Hofmannswaldau, *Vergänglichkeit der Schönheit*)

Metonymie

(aus gr. *einen anderen Namen bekommen*)

Umbenennung, indem verwandte Begriffe vertauscht werden

Beispiel: *Sie liest Kafka.*

Metrum

(gr. *Maß*)

1. Bezeichnung für kleinste Einheit im Vers (= Versfuß), mehrere Metren bilden das Versmaß
2. Bezeichnung für Versmaß, das sich nach Betonung und Dauer bestimmt und den Takt (Versfuß) als kleinste rhythmische Einheit hat. Aufgrund der natürlichen Sinnbetonung unterscheidet man die Versfüße → Jambus, → Trochäus, → Daktylus, → Anapäst.

Minnesang

Hauptform der weltlichen Lyrik des Mittelalters; als unterhaltsame Gesellschaftsdichtung (keine Erlebnislyrik) gedachte Liebesdichtung, in der höfische Ideale wie *triuwe* und *mâze* verarbeitet werden

Beispiel: Albrecht von Johansdorf, *Ich vant âne huote*

Montage

(frz. *Zusammenstellung, Aufbau*)

Ausdruck aus Film, Drama, Epik und Lyrik, der die Zusammenstellung von Teilen unterschiedlicher Herkunft zu einem neuen Sinnzusammenhang meint; Ziel: Sichtbarmachung von Zusammenhängen, Anregung zum Nachdenken

Beispiel: *Markenstecher Uhrenkleber*, aus: Markenkleber, Stechuhr, *Manitypistin Stenoküre*, aus: Stenotypistin, Maniküre (Enzensberger, *Bildzeitung*)

Moritat

Lied des Bänkelsängers zur Drehorgel, Inhalt zumeist schaurige Mordgeschichte, andere Bezeichnung für → Bänkelsang

Motiv

(lat. *bewegen*)

Beweggrund von Handlung; in der Dichtung auch als abstraktes thematisches Grundschema

Beispiel: Motiv der zwei Identitäten in Annette von Droste-Hülshoffs *Judenbuche* und *Das Spiegelbild*

Naturlyrik

Bezeichnung für Gedichte mit Beschreibungen von Naturerscheinungen

Beispiel: Goethe, *Mailied*

Neologismus

(aus gr. *neu* + Wort)

Wortneuschöpfung

Beispiel: *Knabenmorgenblütenträume* (Goethe, *Prometheus*)

Nominalstil

Übertriebener Gebrauch von Substantiven

Beispiel: *der Verkauf des Hauses des der Stadt Entflohenen*

Nonsens-Gedicht

(engl. *Unsinn*)

Gedicht, das in formaler und/oder inhaltlicher Hinsicht zwar korrekt bzw. stimmig ist, das aber keinen Sinn ergibt

Beispiel: *Kroklokwafzi? Semememi!*
Seiokrontro – prafriplo:
Bifzi, bafzi; hulalemi:
Quasti basti bo...
Lalu lalu lalu lalu la!
(Morgenstern, *Das große Lalula*)

Ode

(gr. *Gesang, Lied*)

Feierliches, meist reimloses Gedicht mit festgelegter Strophenform, das von Erhabenheit und Würde geprägt ist. Odenstrophen sind z. B. die → Alkäische Strophe, → Asklepiadische Strophe, Sapphische Strophe

Beispiel: *Schön ist, Mutter Natur, deiner Erfindung Pracht*
Auf die Fluren verstreut, schöner ein froh Gesicht,
Das den großen Gedanken
Deiner Schöpfung noch einmal denkt.
(Klopstock, *Der Zürcher See*)

Oxymoron

(aus gr. *scharf* + *dumm*)

Verbindung einander widersprechender Begriffe

Beispiel: *kalte Hitze*

Paarreim

→ Reimformen

Paradoxon

(gr. *gegen + Meinung, Lehre*)
Scheinwiderspruch
Beispiel: *Im Sommer ist mir kalt / im Winter ist mir heiß*
(Opitz, *Francisci Petrarcae*)

Parallelismen

(gr. *gleichlaufend*)
Wiederholung von gleichen syntaktischen Fügungen

Parataxe

(gr. *Danebenstellen*)
Aneinanderreihung von Hauptsätzen
Beispiel: *Ernst isst, Heike schläft, Klaus singt und Henriette liest.*

Parenthese

(gr. *Einschub*)
Vollständiger Satz wird in geschlossene Satzkonstruktion eingeschoben
Beispiel: *Es war früh am Morgen – die Sonne war schon aufgegangen –, als sie endlich zu Hause ankamen.*

Parodie

(gr. *Gegengesang*)
Form eines bekannten Gedichtes (oder eines anderen literarischen Werkes) wird übernommen und mit einem neuen, meist nicht zum ursprünglichen Gehalt passenden Inhalt versehen (Gegenteil ist die Travestie, bei der der ursprüngliche Inhalt in eine veränderte Form eingepasst wird.)
Beispiel: *Er stand auf seines Daches Zinnen,*
Und schaute mit vergnügten Sinnen
Auf zwei belegte Brote hin.
„Dies alles ist mir viel zu wenig",
Begann er zu Ägyptens König,
„Gestehe, dass ich hungrig bin."
(Parodie auf Schiller, *Ring des Polykrates*)

Pars pro toto

→ Synekdoche

Pentameter

(gr. *fünf* und *Maß*)
Antikes Versmaß, das, anders als der Name vermuten lässt, aus sechs Hebungen besteht (dritter und sechster Daktylus ohne Senkung), daher als verkürzter Hexameter zu betrachten.

Beispiel: Im Pentameter drauf fällt sie melodisch herab.
(Schiller, *Das Distichon*)
– ∪ – ∪ ∪ – // – ∪ ∪ – ∪ ∪ –

Periphrase

(aus gr. *ringsum einschließen*)
Umschreibung eines Begriffs
Beispiel: *dem großen Tröster* (für Gott)
(aus Gryphius, *An sich selbst)*

Personifizierung

(aus gr. *Person + machen*)
Vermenschlichung
Beispiel: *die müde Seele ruft*
(Gryphius, *An sich selbst*)

Pleonasmus

(aus gr. *reichlich vorhanden sein*)
Zusammenstellung von Wörtern mit ähnlicher Bedeutung
Beispiel: *weißer Schimmel*

Poesie

(gr. *machen*)
Allgemeine Bezeichnung für Dichtung; als Bezeichnung für Versdichtung steht sie im Gegensatz zur → Prosa.

Pointe

(frz. *Spitze, Schärfe*)
Überraschende und effektvolle Wendung durch einen geistreichen Schlussgedanken

politische Lyrik

Gedichte, die politische Themen zum Inhalt haben. Ziel: Schärfung des Bewusstseins, der Kritikfähigkeit, auch politische Beeinflussung des Lesers
Beispiel: Brecht, *An die Nachgeborenen*

Polysyndeton

(aus gr. *viel + verbunden*)
Verbindung einzelner Wörter oder Satzglieder mit der gleichen Konjunktion
Beispiel: *Die Zeitung und das Fernsehen und das Radio und das Internet sind wichtige Informationsquellen.*

Prosa

(lat. *geradeaus gehende Rede*)

Nicht durch Reim oder Metrum gebundene Redeweise, Gegensatz zur → Poesie im engeren Sinne

Beispiel: → Prosa-Gedicht

Prosa-Gedicht

Lyrische Bearbeitung eines Stoffes, ohne Endreim oder exaktes Metrum, ohne besonders betonten Rhythmus (Mitte zwischen rhythmischer Prosa und → freien Rhythmen)

Beispiel: *Das kleine Haus unter Bäumen am See.*
Vom Dach steigt Rauch.
Fehlte er,
Wie trostlos dann wären
Haus, Bäume und See.
(Brecht, *Der Rauch*)

Refrain

(provenz. *regelmäßiges Sichbrechen der Wellen an Klippen*)

Wörtliche oder leicht veränderte Wiederholung eines Textteils in einem Gedicht oder einem Lied

Beispiel: *Röslein, Röslein Röslein rot,*
Röslein auf der Heiden.
(Goethe, *Heidenröslein*)

Reim

Gleichklang zweier oder mehrerer Wörter vom letzten betonten Vokal an

Beispiel: *Die Mitternacht zog näher schon;*
In stummer Ruh lag Babylon.
(Heine, *Belsazar*)

Reimformen

Binnenreim: Reimwörter innerhalb einer Verszeile

Beispiel: *Vom Himmel kommt es,*
Zum Himmel steigt es,
Und wieder nieder
Zur Erde muss es
Ewig wechselnd.
(Goethe, *Gesang der Geister über den Wassern*)

Kreuzreim: abab

Beispiel: (*nächste Seite*)

Ich vant âne huote
die vil minneclîchen eine stân.
sâ dô sprach diu guote,
‚waz welt ir sô eine her gegân?'
(Albrecht von Johansdorf, *Ich vant âne huote*)

Paarreim: aabb
Beispiel: *Nur oben in des Königs Schloss,*
Da flackert's, da lärmt des Königs Tross.
(Heine, *Belsazar*)

Umschließender Reim: abba
Beispiel: *Sooft der Mond mag scheinen,*
Gedenk' ich dein allein,
Mein Herz ist klar und rein,
Gott wolle uns vereinen!
(Brentano, *Der Spinnerin Lied*)

Schweifreim: aabccb
Beispiel: *Als mitten in dem Feld mich / HErr / der Todt ergriff /*
Der hinter mir in Sturm / vor mir in Flammen lieff /
Vor mir die Bahn verfällt / und über mir die Hütten
In leichte Splitter stieß. Doch lebt ich / HErr / durch dich /
Mir selber war ich todt / dein Engel wacht um mich /
Stets neu gebohren wird / den GOtt wil stets begütten.
(Gryphius, *Auf das grausame Ungewitter*)

Reiner Reim
Reimsilben zweier Verse sind vollkommen identisch
Beispiel: *verwesen, erlesen*

Rhetorische Fragen
(gr. *die Redekunst betreffend*)
Uneigentliche Fragen, die Zustimmung oder Ablehnung implizieren
Beispiel: *Ist damit nicht alles in bester Ordnung?*

Rhythmus
(zu gr. *fließen*)
Harmonische Sprachbewegung, die aus dem Metrum und der dem natürlichen Sinn folgenden Betonung resultiert

Rollengedicht

Lyrisches Ich spricht aus einer bestimmten Rolle heraus, die meist durch den Titel definiert wird.

Beispiel: Goethe, *Prometheus*, Bürger, *Der Bauer*

Romanze

Romanisches Gegenstück zur → Ballade

Beispiel: Heine, *Romanzero*

Romanzenstrophe

In altspanischer Dichtung: achthebiger, trochäischer Vierzeiler mit Mittelzäsur und Assonanz; in neuerer spanischer Lyrik vierhebiger, reimloser Vierzeiler mit Trochäen; in deutscher Poesie meist mit Kreuzreim und wechselnden Kadenzen

Beispiel: *Reich gezieret mit Geschenken*
Seiner schönen Lindaraja,
Reiset ab der tapfre Gaul,
Geht nach Gelves zum Turniere.

Mit sich führet er vier Pferde,
Reich bedeckt mit goldnen Decken,
Wo sich tausendmal der Name
Bencerraja schlingt in Golde.
(Herder, *Gazul und Zaida*)

Rührender Reim

Gleichklang zweier oder mehrer Wörter vom letzten betonten Vokal an, der auch die davorstehenden Konsonanten einschließt

Beispiel: *schwirrt es / Wirtes*

Satire

(lat. *mit verschiedenen Früchten gefüllte Opferschale*)

Keine Gattung, sondern eine Haltung, die mit allen literarischen Gattungen eine Verbindung eingehen kann. Kennzeichen: spöttische Haltung, die kritisiert und dadurch eine Verbesserung der Zustände erreichen will.

Beispiel: *Einst haben die Kerls auf den Bäumen gehockt,*
behaart und mit böser Visage.
Dann hat man sie aus dem Urwald gelockt
Und die Welt asphaltiert und aufgestockt,
bis zur dreißigsten Etage.
Da saßen sie nun, den Flöhen entflohn,
in zentralgeheizten Räumen.
Da sitzen sie nun am Telefon

Und es herrscht noch genau derselbe Ton
Wie seinerzeit auf den Bäumen.
(Kästner, *Die Entwicklung der Menschheit*)

Scherzgedicht

→ Nonsens-Gedicht

Schüttelreim

Reimspiel durch Vertauschung der anlautenden Konsonanten der Reimsilben

Beispiel: *Karl geht es heute richtig schlecht // Er gab mir vorhin sogar Recht.*

Schweifreim

→ Reimformen

Senkung

Unbetonte Silbe im Gegensatz zur betonten Silbe (→ Hebung). Kennzeichnung z. B. mit ∪ oder x

Sinnbild

Deutsches Wort für → Symbol bzw. → Emblem

Sinngedicht

Deutsches Wort für → Epigramm

Sonett

(zu ital. *Ton, Klang*)

Streng aufgebaute Gedichtform, bestehend aus zwei Quartetten und zwei Terzetten

Beispiel: Gryphius, *Thränen in schwerer Krankheit. Anno 1640*

Stabreim

→ Alliteration

Stanze

(ital. *Zimmer*)

Strophenform aus fünfhebigen jambischen Achtzeilern mit abwechselnd männlicher und weiblicher Kadenz und festgelegtem Reimschema: ab ab ab cc

Beispiel: *Ihr naht euch wieder, schwankende Gestalten,*
Die früh sich einst dem trüben Blick gezeigt.
Versuch' ich wohl, euch diesmal festzuhalten?

Fühl' ich mein Herz noch jenem Wahn geneigt?
Ihr drängt euch zu! nun gut, so mögt ihr walten,
Wie ihr aus Dunst und Nebel um mich steigt;
Mein Busen fühlt sich jugendlich erschüttert
Vom Zauberhauch, der euren Zug umwittert.
(Goethe, *Faust I, Zueignung*)

Stil
(lat. *Griffel*)
Besondere Eigenart einer künstlerischen Darstellung

Stimmungslyrik
→ Erlebnislyrik

Strophe
(gr. *Wendung*)
Verbindung mehrerer Verse zu einer Sinneinheit als (auch optisches) Gliederungselement eines Gedichtes
Beispiel: *Zum Frühstück Meister Nikolas;*
Die junge Hausfrau schenkt' ihm ein,
Es war im heitern Sonnenschein. –
Die Sonne bringt es an den Tag.

Die Sonne blinkt von der Schale Rand,
Malt zitternde Kringeln an die Wand;
Und wie den Schein er ins Auge fasst,
So spricht er für sich, indem er erblasst:
„Du bringst es doch nicht an den Tag."
(Chamisso, *Die Sonne bringt es an den Tag*)

Superlativ
(lat. *überragend*)
Höchststufe bei der Komparation des Adjektivs
Beispiel: *die einsamsten Lebewesen*

Symbol
(gr. *Kennzeichen, Merkmal*)
Konkrete Zeichen, die auf abstrakten Inhalt hindeuten
Beispiel: Herz als Symbol für Liebe

Synästhesie
(aus gr. *zusammen + Wahrnehmung*)
Vermischung verschiedener Sinneswahrnehmungen

Beispiel: *Betäubt kehr' ich den Blick nach oben hin,*
zum Himmel auf – da lächeln alle Sterne;
ich kniee, ihrem Lichtgesang zu lauschen.
(Mörike, *An die Geliebte*)

Synekdoche

(gr. *andeutend*)
Engerer Begriff steht für weiteren Begriff, ein Teil steht für das Ganze (*pars pro toto*)
Beispiel: *der Mensch für die Menschheit*

Takt

→ Metrum

Tautologie

(gr. *dasselbe + Wort*)
Ausdruck eines Sachverhaltes durch zwei sinnverwandte Wörter
Beispiel: *gut vnd recht*
(Opitz, *Francisci Petrarchae*)

Terzine

Kettenreim (aba bcb cdc ded usw.), bestehend aus fünffüßigen Jamben
Beispiel: *Wir sind aus solchen Zeug wie das zu Träumen,*
und Träume schlagen so die Augen auf
Wie kleine Kinder unter Kirschenbäumen,

Aus deren Krone den blassgoldnen Lauf
Der Vollmond anhebt durch die große Nacht.
... Nicht anders tauchen unsre Träume auf.
(von Hofmannsthal, *Über die Vergänglichkeit III*)

Trias

(gr./lat. *Dreiheit*)
Drei-Wort-Häufung
Beispiel: *(...) schön besudelt mit Strafzetteln,*
Schweiß, atomarem Dreck: (...)
(Enzensberger, *Bildzeitung*)

Trochäus

(gr. *laufen*)
Zweisilbiger Versfuß, der aus einer langen (betonten) und einer kurzen (unbetonten) Silbe besteht
Beispiel: *Mauer* (– ∪), *Leben* (– ∪)

Umgangssprachliche Wendungen

Worte aus der gesprochenen Sprache

Beispiel: *Fällt hin der Mann. Steht auf*
Kriegt Fresse voll. Ein Fotograf macht Geld
Mit seinem Blut. (...)
(Haufs, *Jeden Tag*)

Umschließender Reim

→ Reimformen

Unreiner Reim

Reimsilben zweier Verse sind ähnlich, aber nicht identisch

Beispiel: *spannte/Lande*

Verbalstil

Art des Schreibens, bei der zahlreiche bedeutungstragende Verben vorkommen

Beispiel: *Drüben versinkt dir die Geliebte im Sand,*
er steigt um ihr wehendes Haar,
er fällt ihr ins Wort,
er befiehlt ihr zu schweigen,
er findet sie sterblich
und willig dem Abschied
nach jeder Umarmung.
Sieh dich nicht um.
(Bachmann, *Die gestundete Zeit*)

Vergleich

Verbindung zweier Bereiche mittels eines Vergleichspunkts (*tertium comparationis*), zumeist mit dem Vergleichswort wie

Beispiel: *Er ist so stark wie ein Löwe.*

Vers

(lat. *Reihe, Zeile, Umwendung*)

Gegliederte, poetisch gestaltete Wortfolge (Gegensatz: *Prosa*)

Beispiel: *Gemächlich in der Werkstatt saß*
Zum Frühstück Meister Nikolas;
Die junge Hausfrau schenkt' ihm ein,
Es war im heitern Sonnenschein. –
Die Sonne bringt es an den Tag.
(Chamisso, *Die Sonne bringt es an den Tag*)

Versfuß

→ Metrum

Versmaß

→ Metrum

Volksballade

Mündlich überlieferte → Ballade mit meist einfachem Satz- und Strophenbau

Beispiel: Goethe, *Es war ein König in Thule*

Volkslied

Gereimtes Lied, das auf unbekannten Verfasser zurückgeht und eine große Popularität besitzt

Beispiel: Arnim/Brentano, *Des Knaben Wunderhorn*

Volksliedstrophe

Vierzeiler mit Kreuzreim, meist dreihebige Jamben mit abwechselnd männlicher und weiblicher Kadenz; meist allgemeinmenschliche Inhalte wie Schmerz, Abschied, Tanz, Tod

Beispiel: *In einem kühlen Grunde*
Da geht ein Mühlenrad
Mein Liebste ist verschwunden,
Die dort gewohnet hat.
(Eichendorff, *Das zerbrochene Ringlein*)

Waise

Reimloser Vers innerhalb eines gereimten Versgefüges

Beispiel: *Die Sonne bringt es an den Tag.*
(Chamisso, *Die Sonne bringt es an den Tag*)

Wiederholung

Begriffe oder ganze Sätze werden wortgleich mehrfach verwendet.

Beispiel: *Ich schreibe ein Gedicht.*
Ich veranstalte eine Expedition.
Ich mache mich davon
aus Antwort und Beweis.
(Weyrauch, *Mein Gedicht*)

Zäsur

(lat. *Einschnitt*)

Regelmäßig wiederkehrende Pause innerhalb eines Verses, durch die der Versfuß getrennt wird.

Beispiel: *Mir ist ich weiß nicht wie / ich seufftze für und für.*
Ich weine Tag und Nacht / ich sitz in tausend Schmertzen;
(Gryphius, *Thränen in schwerer Krankheit. Anno 1640*)

Zeugma

(gr. *Fessel, Joch*)

Ungewöhnliche Verbindung zweier Satzglieder, meist durch ein gemeinsames Prädikat

Beispiel: *Sie hat ein Auto und Kopfschmerzen.*

Quellennachweis

Albrecht von Johansdorf: *Ich vant âne huote.* In: Des Minnesangs Frühling. Unter Benutzung der Ausgaben von Karl Lachmann und Moritz Haupt, Friedrich Vogt und Carl von Kraus, bearbeitet von Hugo Moser und Helmut Tervooren. Bd. 1: Texte. Stuttgart: Hirzel, 38.
rev. Aufl. 1988, S. 192f.

Anonym: *Du bist mîn.* In: Deutsche Gedichte. Eine Anthologie. Hrsg. von Dietrich Bode. Stuttgart: Reclam, 1984, S. 18 (Universal-Bibliothek Nr. 8012).

Bachmann, Ingeborg: *Entfremdung* In: Ingeborg Bachmann: Werke 1: Gedichte, Hörspiele, Libretti, Übersetzungen. München: Piper, 5. Aufl. 1998, S.13.

Brecht, Bertolt: *Finnische Landschaft.* In: Bertolt Brecht. Große kommentierte Berliner und Frankfurter Ausgabe. Hrsg. von Werner Hecht et al. Bd. 12: Gedichte 2. Berlin, Weimar: Aufbau; Frankfurt am Main: Suhrkamp, 1998, S.110.

Brentano, Clemens: *Der Spinnerin Nachtlied.* In: Gedichte der Romantik. Hrsg. von Wolfgang Frühwald. Stuttgart: Reclam, 1984, S. 202 (Universal-Bibliothek Nr. 8230).

Brentano, Clemens: *In der Fremde.* In: Clemens Brentano: Sämtliche Werke und Briefe. Historisch-kritische Ausgabe. Hrsg. von Gerhard Kluge et al. Bd. 17. Stuttgart, Köln, Main: Kohlhammer, 1983, S. 128f.

Bürger, Gottfried August: *Der Bauer. An seinen durchlauchtigen Tyrannen.* In: Deutsche Gedichte des 18. Jahrhunderts. Hrsg. von Klaus Bohnen. Stuttgart: Reclam, 1987, S. 351 (Universal-Bibliothek Nr. 8422).

Claudius, Matthias: *Abendlied.* In: Deutsche Gedichte des 18. Jahrhunderts. Hrsg. von Klaus Bohnen. Stuttgart: Reclam, 1987, S. 243f. (Universal-Bibliothek Nr. 8422).

Claudius, Matthias: *Der Tod.* In: Deutsche Gedichte des 18. Jahrhunderts. Hrsg. von Klaus Bohnen. Stuttgart: Reclam, 1987, S. 247 (Universal-Bibliothek Nr. 8422).

Eichendorff, Joseph von: *Mondnacht.* In: Gedichte der Romantik. Hrsg. von Wolfgang Frühwald. Stuttgart: Reclam, 1984, S. 332 (Universal-Bibliothek Nr. 8230).

Eichendorff, Joseph von: *Stimmen der Nacht.* In: Ders.: Sämtliche Gedichte. Text und Kommentar. Hrsg. v. Hartwig Schultz. Frankfurt am Main: Deutscher Klassiker Verlag, 2006, S. 436.

Eichendorff, Joseph von: *Ihm ist's verliehn.* In: Ders.: Sämtliche Gedichte. Text und Kommentar. Hrsg. v. Hartwig Schultz. Frankfurt am Main: Deutscher Klassiker Verlag, 2006, S. 40.

Gellert, Fürchtegott: *Der Tanzbär.* In: Christian Fürchtegott Gellert: Fabeln und Erzählungen. Hrsg. von Siegfried Scheibe. Tübingen: Niemeyer, 1966, S. 73f.

Gernhardt, Robert: *Siebenmal mein Körper.* In: Robert Gernhardt: Reim und Zeit. Stuttgart: Reclam, 2009, S.48f.

Goethe, Johann Wolfgang: *Prometheus.* In: Johann Wolfgang von Goethe: Werke. Hamburger Ausgabe in 14 Bänden. Hrsg. von Erich Trunz. Bd. 1. München: Deutscher Taschenbuch Verlag, 2000, S.44–46.

Goethe, Johann Wolfgang: *Ganymed.* In: Johann Wolfgang von Goethe: Werke. Hamburger Ausgabe in 14 Bänden. Hrsg. von Erich Trunz. Bd. 1. München: Deutscher Taschenbuch Verlag, 2000, S.46f.

Goethe, Johann Wolfgang: *Das Göttliche.* In: Johann Wolfgang von Goethe: Werke. Hamburger Ausgabe in 14 Bänden. Hrsg. von Erich Trunz. Bd. 1. München: Deutscher Taschenbuch Verlag, 2000, S. 147.

Goethe, Johann Wolfgang: *Das Mailied.* In: Johann Wolfgang von Goethe: Werke. Hamburger Ausgabe in 14 Bänden. Hrsg. von Erich Trunz. Bd. 1. München: Deutscher Taschenbuch Verlag, 2000, S.30f.

Goethe, Johann Wolfgang: *Gesang der Geister über den Wassern.* In: Johann Wolfgang von Goethe: Werke. Hamburger Ausgabe in 14 Bänden. Hrsg. von Erich Trunz. Bd. 1. München: Deutscher Taschenbuch Verlag, 2000, S. 143.

Goethe, Johann Wolfgang: *Auf dem See.* In: Johann Wolfgang von Goethe: Werke. Hamburger Ausgabe in 14 Bänden. Hrsg. von Erich Trunz. Bd. 1. München: Deutscher Taschenbuch Verlag, 2000, S. 102.

Gryphius, Andreas: *An sich selbst.* In: Andreas Gryphius: Gedichte. Eine Auswahl. Text nach der Ausgabe letzter Hand von 1663. Hrsg. von Adalbert Elschenbroich. Stuttgart: Reclam, bibl. Erg. Ausg. 1995, S. 7 (Reclams Universal-Bibliothek Nr. 8799).

Gryphius, Andreas: *Thränen in Schwerer Krankheit.* In: Andreas Gryphius: Gedichte. Eine Auswahl. Text nach der Ausgabe letzter Hand von 1663. Hrsg. von Adalbert Elschenbroich. Stuttgart: Reclam, bibl. Erg. Ausg. 1995, S. 8f. (Reclams Universal-Bibliothek Nr. 8799).

Hesse, Johann: *O Welt, ich muss dich lassen.* In: Deutsche Gedichte. Hrsg. von Karl Krolow. Frankfurt am Main: Insel, 5. Aufl. 1987, S. 36f.

Hofmann von Hofmannswaldau, Christian: *Vergänglichkeit der Schönheit.* In: Gedichte des Barock. Hrsg. von Ulrich Marché und Volker Meid. Stuttgart: Reclam, 2005, S. 274 (Reclams Universal-Bibliothek Nr. 9975).

Luther, Martin: *Der XLVI.Psalm. Deus noster refugium et virtus.* In: Die deutsche Literatur in Text und Darstellung. Bd. 3: Renaissance, Humanismus, Reformation. Hrsg. von Josef Schmidt. Stuttgart: Reclam, 1976, S. 173f. (Reclams Universal-Bibliothek Nr. 9609).

Neidhart von Reuental: *Uf dem berge und in dem tal.* In: Die Lieder Neidharts. Hrsg. von Edmund Wießner. 4. Aufl. revidiert von Paul Sappler. Tübingen: Niemeyer 1984, S. 3.

Opitz, Martin: *Francisci Petrarchae.* In: Martin Opitz. Gedichte. Eine Auswahl. Hrsg. von Jan-Dirk Müller. Stuttgart: Reclam, 1970, S. 173f.

Schiller, Friedrich: *Der Ring des Polykrates.* In: Friedrich Schiller: Sämtliche Werke in fünf Bänden. Hrsg. von Peter-André Alt, Albert Meier, Wolfgang Riedel. Bd. 1. München: dtv, 2004, S. 343–346.

Schiller, Friedrich: *Das Lied von der Glocke.* In: Friedrich Schiller: Sämtliche Werke in fünf Bänden. Hrsg. von Peter-André Alt, Albert Meier, Wolfgang Riedel. Bd. 1. München: dtv, 2004, S. 429–442.

Stramm, August: *Untreu.* In: August Stramm: Das Werk. Hrsg. von René Radrizzani. Wiesbaden: Limes, 1963, S. 16.

Schröder, Rudolf Alexander: *Zum Totensonntag.* In: Gesammelte Werke in fünf Bänden. Bd 1: Die Gedichte. Frankfurt/Main: Suhrkamp, 1952, S. 939.

Walther von der Vogelweide: *Ich saz ûf einem steine.* In: Deutsche Gedichte. Eine Anthologie. Hrsg. von Dietrich Bode. Stuttgart: Reclam, 1984, S. 25f. (Universal-Bibliothek Nr. 8012).